汤道生 出品

丁珂 / 李佳 主编

数字时代

构建安全共赢新生态

翟尤 / 李南 / 李俊杰 著

电子工业出版社
Publishing House of Electronics Industry
北京·BEIJING

未经许可，不得以任何方式复制或抄袭本书之部分或全部内容。
版权所有，侵权必究。

图书在版编目（CIP）数据

数字时代：构建安全共赢新生态 / 翟尤，李南，李俊杰著；丁珂，李佳主编.
-- 北京：电子工业出版社，2021.4
ISBN 978-7-121-40262-3

Ⅰ.①数… Ⅱ.①翟… ②李… ③李… ④丁… ⑤李… Ⅲ.①信息经济－基础设施建设－研究－中国 Ⅳ.① F492.3

中国版本图书馆 CIP 数据核字 (2020) 第 259520 号

责任编辑：胡　南
印　　刷：天津嘉恒印务有限公司
装　　订：天津嘉恒印务有限公司
出版发行：电子工业出版社
　　　　　北京市海淀区万寿路 173 信箱　邮编 100036
开　　本：720×1000　1/16　印张：18.25　字数：200 千字
版　　次：2021 年 4 月第 1 版
印　　次：2021 年 4 月第 1 次印刷
定　　价：68.00 元

凡所购买电子工业出版社图书有缺损问题，请向购买书店调换。若书店售缺，请与本社发行部联系，联系及邮购电话：（010）88254888，88258888。
质量投诉请发邮件至 zlts@phei.com.cn，盗版侵权举报请发邮件至 dbqq@phei.com.cn。
本书咨询联系方式：（010）88254210，influence@phei.com.cn，微信号：yingxianglibook。

推荐序一

2020年7月20日，中央政治局召开会议指出：我国遇到的很多问题都是中长期的，必须从持久战的角度加以认识，加快形成以国内大循环为主体，国内国际双循环相互促进的新发展格局。要实现这一要求，就要充分发挥我国举国体制和超大规模市场优势，同步推进网络安全和信息化。

以软件产业为例，国务院先后发布了多份政策文件，为我国软件和集成电路发展营造了良好的政策环境。2020年，围绕集成电路和软件产业发展，国务院发布了《新时期促进集成电路产业和软件产业高质量发展的若干政策》，将在金融、财税等多个方面给予优惠政策。伴随着产业政策的不断完善，我国软件销售额快速增长。数据显示，2000—2019年，我国软件销售额从560亿元增长到7.18万亿元，我国软件产业高速发展。但同时，我国在基础软件操作系统等领域依旧处于短板，与国外还有较大差距。

2020年，新基建成为产业各方投资和建设的焦点。有研究机构分析指出，到2025年，5G、数据中心、人工智能、工业互联网等七大新基建直接投资额将达到10万亿元左右。当前，各行各业都处在数字化转型的浪潮之中，没有一个行业例外。对工业企业来说，通过工业互联网来推动数字化转型升级具有重大的意义。而供给侧的红利出现，将助推企业数字化服务价值回归。在发展新基建的过程中，要重视信息技术体系和生态的建设。产品、技术、服务不仅取决于产品和服务的本身，很大程度上也取决于它们的技术体系和生态建设情况。

新基建作为新兴领域，要更加注重网络安全。网络安全是做好新基建的前提条件，没有网络安全就没有国家安全，也没有新基建的安全。一方面，要切实保障新基建网络安全，从制度上使新基建并入网络安全的轨道；另一方面，要使新基建成为促进中国产业发展的巨大动力。

本书对新基建蕴含的安全问题进行了详细阐述，从国家竞争安全挑战、产业安全挑战到技术安全挑战等多个维度进行分析。同时，帮助读者从不同侧面了解产业安全的重要性。

新基建在推动产业互联网发展中潜力巨大，将有效推进企业数字化转型进程。同时，企业也要更加注重用户隐私、信息安全的保护，保证基础设施的安全。

倪光南

中国工程院院士

推荐序二

当今世界正经历百年未有之大变局，我国正处于实现中华民族伟大复兴的关键时期，经济已由高速增长阶段转向高质量发展阶段。新基建与我国当前经济社会发展阶段高度契合，既有助于"十三五"规划稳妥收官，又与"十四五"规划发展目标相匹配，是"十四五"重点发展方向。

发展新基建是积极扩大有效投资、培育内需、振兴经济的重要措施，是推动经济高质量发展，实施制造强国、网络强国战略的抓手。与传统基建相比，新基建是基于信息技术和生产技术的深度融合，是基于电子信息产业和垂直行业的跨界融合。

以5G等为代表的新一代信息基础设施，既是新基建也是战略性新兴产业，更代表信息消费市场，同时也是其他领域新基建的通用支撑基础，还是传统产业数字化新引擎，赋能传统基建领域提质增效。当前，我国5G技术在标准、专利、产品等多个领域位居世界前列。根据研究机构的预测，预计到2020年年底，我国的5G连接数占全球比例将超过70%。同时，5G将和大数据、人工智能、区块链、工业互联网等技术结合，创造出更多发展空间。

加快新基建发展，出发点和落脚点都在于推动我国经济转型升级、实现高质量发展。但新基建也面临诸多挑战：一是要避免一哄而上、盲目投资、重复建设。二是要打牢技术基础。在关键核心技术上实现突破，打造新基建的技术底座。三是要注重产业安全。新基建涉及大量前沿技术，就网络安全而言是双刃剑，需要重视安全保障。

本书从大众视角出发，以深入浅出的语言和鲜活生动的案例，为读者展现出新基建在经济社会发展中的重要作用和影响力，介绍了支撑信息基础设施建设的各项新技术，包括国内外新基建的发展与面临的挑战，展现了数字技术在未来工作和生活中的应用前景。本书聚焦工业互联网，将促进新基建部署与高质量发展及双循环战略互动，为"十四五"开好局打下坚实的基础。希望有更多专业人士能够参与到新技术、新业务的普及推广工作中，让更多国人了解我国技术创新的最新成果。也希望从事基础设施建设、技术与产品支撑、应用开发及运营服务的读者从本书中有所收获。

邬贺铨
中国工程院院士

推荐序三

全球经过了三次工业革命,目前正在进行第四次工业革命。第四次工业革命的核心是基于信息物理融合系统的实现,主要由5G、人工智能等新一代信息技术构成。信息技术作为数字基建的重要组成部分,是推动传统基础设施向数字基础设施转型的关键力量,也是新时代增强综合国力的必经之路。因此,我国发展数字基建具有重要意义。

发展数字化基础设施和增强传统产业竞争力,保持产业可持续发展是今后重要的任务。在这次新冠疫情突发事件中,产业互联网发挥了其独特的价值。疫情强化了人们利用网络进行工作和学习的习惯,远程办公、在线教育、无接触配送等新型模式兴起,彰显了数字基础设施作为中国经济高质量发展新动能的重要定位。同时,新基建也面临诸多挑战,主要体现为大、异、碎、散。"大"是指连接大规模。到2025年,我国将新增10亿个工业物联网连接设备;"异"是指服务差异化、需求多。我国是全世界唯一拥有联合国产业分类中所列全部工业门类的国家。通过ICT技术把需求各异的企业融合起来,难度较大;"碎"是指多种网络资源呈现碎片化分布;"散"是威胁分散化,传输网络安全边界正在被打破,不同物理位置和网络层级的设备联网后会产生更多攻击点,潜在风险将进一步加大。

发展数字基建,不但需要激发企业发展热情,同时,政府也应给予企业政策支持。一是要优化顶层设计,做好数字基建发展中长期规划,为参与数字基建的企业营造良好政策环境。二是加快数字技术与行业融合技术研发,推动数字基建与传统行业融合发展。三是鼓励发展基于数字基建的创新应用。四是要加快数字人才的培养和引进。五是创新面向数字基建的财税金融政策。六是完善数字基建的安全保障。

本书从多个角度介绍了新基建涵盖的信息技术和产业融合应用,通过翔实的案例和丰富的数据帮助读者快速了解新基建的基本内涵,介绍了新基建对我们工作、生活带来的巨大影响。希望这本书能够开启更多关于新基建发展的讨论与研究。

张 平

中国工程院院士

推荐序四

新基建伴随着新一轮产业革命孕育而生，是构筑数字经济创新发展的重要基础，是培育新动能、推动发展方式转变的关键力量。当前，以5G、人工智能、数据中心、工业互联网、车联网等为代表的前沿科技发展日新月异，成为新一轮科技革命的核心技术，在与众多领域交叉融合中不断创新，正在以前所未有的速度推动新基建的快速发展和普及延伸。

习近平总书记指出，要抓住产业数字化、数字产业化赋予的机遇，加快5G网络、数据中心等新型基础设施建设。这样的论述是对新基建战略地位、发展态势的准确把握，是对利用信息技术推动国家创新发展的重要部署。

短期来看，新基建将起到稳投资、促销费、增就业的作用。在稳投资方面，预计到2025年，中国电信、中国移动、中国联通5G建设投资将达到1.2万亿元。开展规模以上工业企业工业互联网网络化改造，预计每年将带动新增投资1000亿元。在促销费方面，预计到2025年新基建将给我国信息消费创造8.3万亿元，其中4.5万亿元是手机终端消费。在增就业方面，预计工业互联网于2020年将新增255万个就业岗位，5G到2025年将新增300万个就业岗位。

长期来看，新基建对于我国经济发展新动能的转变和模式创新有重要推动作用。一是新基建会构建万物互联的新基础，实现以信息流带动技术流、资金流、人才流和物资流，在更大范围内优化资源配置效率。二是新一代信息技术将引领群体性和颠覆性的技术突破，推动各行业数字化、网络化、智能化转型，形成经济增长的新动能。三是新型基础设施将有力支撑数字经济蓬勃发展，实现数字经济和实体经济的深度融合，催生新模式、新业态，激活市场潜力。

本书从数字技术入手，以实用性和普及性为原则，向读者展现了新基建在经济社会发展中的重要创造力和推动作用，相信每一位读者都能够从书中感受到新基建带来的深远影响。新基建是构筑数字经济创新发展的重要基础，是培育新动能，推动发展方式转变的关键力量。推进新基建发展，需要业界进一步加强系统革新，加强创新突破，加强应用引领，加强环境营造。当前我国正在打造"以国内大循环为主体、国内国际双循环相互促进"的发展新格局，发展以新基建为代表的数字技术对双循环战略价值巨大，是挖掘数字经济发展新动能的重要抓手。

数字经济新时代正在到来，新基建呼唤我们共同拉开科技革命的帷幕，携手展望产业互联网的新图景。

张延川

中国通信学会副理事长

推荐序五

2020年,疫情改变了我们的工作方式与生活节奏,我们从"八小时工作制"变成"自由连接体",实现全体系、全生态远程模式切换。在这个过程中,数字技术就像经济、社会运行的"韧带",通过"高韧性"缓解"硬冲击",为产业"V型反弹"蓄力。

近年来,腾讯与生态合作伙伴一起,探索产业数字化升级之路。在政务、零售、金融、交通、制造、教育、医疗等众多领域,有了很多落地实践和成果。面对不同行业特性,如何发挥数字化战略落地和数字技术价值显得尤为重要。

一、效率是企业经营的关键

产业互联网发展的目的在于降本增效。向"数字"要"效率",是产业重塑的必然选择。数字化首先让目标变得可度量,可度量就可不断优化,最终结果是提高生产制造、供需匹配、维保服务的效率,达到降低经营成本,提高企业竞争力的目的。比如,国产大飞机制造商"中国商飞",用AI视觉技术辅助质检员,捕抓人眼无法发现的材料缺陷,使缺陷检出率提升到了99%。

二、安全是产业数字化底座

5G、物联网、AI、云计算等技术的应用,让生产、服务过程加速数字化、云化。但哪里有利益,哪里就有"坏人"盯着。产业数字化在创造巨大价值的同时,数据安全就成为保护价值的堡垒。安全风险的危害面在扩大,对物理世界的威胁也在增长。

在这样的背景下,每个单位需要建立一套适用于数字时代的安全体系,不仅仅关心网络边防,更需要以数据为保护对象,把安全措施带到数据流通的每个环节;将防护思维从被动防御转向主动规划;将安全目标从合规延展到对资产的保障;要把安全作为产业互联网的"底座"来看待,必须筑牢根基。

三、生态共建是产业发展的唯一选择

产业互联网中,每个产业都有自己的生态,腾讯坚持做好"数字化助手",融入各产业生态,结合生态伙伴的能力,为客户提供最优的产品、服务。在长沙"城市超级大脑"的建设中,我们和东华软件紧密协作,搭建智慧城市平台。明略科技、湖南科创、国泰新点、东方金信等近40家合作伙伴,也纷纷参与进来,输出它们在政务服务、电子证照、医疗卫生等方面的核心能力,合力完成了98套业务系统的整合接入,上线了500项政务服务,让市民可以一站式获取便民服务。

本书从数字技术与安全领域入手,以实用性和普及性为原则,向读者展现了数字技术在经济社会发展中的重要创造力和先导作用,相信每一位读者都能够从书中感受到数字技术带来的深远影响。

随着产业互联网的横向展开和纵向深入,不少领域的变革已经踏入了"无人区",这意味着我们将进入一个创新与创造的时代。我们面临全新的挑战,也将迎接全新的机遇。在这个过程中,腾讯将在"用户为本、科技向善"的愿景之下,坚定产业"数字化助手"的定位,与生态伙伴携手"团战",在行业变革中探索未来。

汤道生
腾讯高级执行副总裁、
云与智慧产业事业群总裁

前　言

　　机遇是每一个新时代的勃勃心跳，机遇也是时代给每一个奋发有为者最好的馈赠。数字时代是中国的机遇，也是每一个中国人的机遇。已识乾坤大，犹怜草木青。我们即将见证以5G、AI、工业互联网、卫星互联网为代表的新一代网络技术应用普及，即将迎接一个百倍于消费互联网规模的产业互联网进入我们的生活。而在感慨社会变化宏大的同时，我们也同样愿意将视线落在每一个数字时代的弄潮儿身上，愿意分享数字世界中每一个独立个体的快乐和喜悦，看到他们的希望和期许，并默默守护他们的安全。

　　《数字时代》这本书主要有十一章：第一章重点介绍了后疫情时代产业互联网与数字技术发展的新阶段，从国家宏观角度解读了数字新基建对数字经济的推动作用。第二章讲述5G技术，它作为我国为数不多领先全球的前沿科技，其发展状况成为全球关注焦点，但机遇和挑战并存。第三章介绍了人工智能技术的普及落地，重点从语音工程、自然语言处理、机器视觉等应用角度展开，同时分析了行业面临的安全风险。第四章探讨芯片产业。芯片是绝大多数电子产品的"大脑",也是我国目前科技创新的重点投入领域,挑战很大。第五部分重点介绍了卫星互联网。从铱星到星链,互联网技术在卫星领域进一步普及延伸,让卫星互联网取长补短,迎来新的增长期。第六章重点介绍了车联网。车联网作为当前最有想象力的产业领域,成为业内关注重点和互联网企业发力重点。第七章讲到工业互联网。随着移动互联网的普及延伸,越来越多的传统企业开始利用数字技术提升效率,智能制造、工业互联网成为新的蓝海。第八章重点介绍数据中心。数据中心作为新基建的新基建,是数字时代的智能底座。第九章重点介绍了物联网。从越南战场到智能音箱,物联网设备已经走入千家万户,但同时也面临诸多安全风险。第十章重点介绍区块链。区块链技术应用范围广泛,在金融和司法存证等诸多领域有较好应用。第十一章重点讨论产业安全。从国家竞争安全、技术创新安全和产业安全三个层次展开介绍,同时分析了不同典型应用场景面临的安全挑战和腾讯提出的解决方案。

在本书的撰写过程中,我们得到了多个团队的全力支持,包括:赵世楠、颜洪、黄定军、田雪、张纯、王东民、孔浩浩、唐祺壹、汪洋一舟、陈星宇、王成、张靓、陈乐等腾讯内部多位同学以及国家计算机网络应急技术处理协调中心王娟、史博轩等老师的通力合作,在此一并感谢大家。

数字时代仍在快速发展过程中,书中可能会有偏差和错误,也希望广大读者在阅读过程中不吝赐教。

本书撰写团队

目录

第一章 产业互联网新图景 01
一、后疫情时代的产业互联网发展趋势 02
（一）疫情推动世界加速调整 02
（二）数字化是国际竞争关键 02
（三）边界重构成为结构调整新动力 03
二、双循环推动数字技术快速普及 04
（一）传统比较优势减弱 04
（二）竞争优势增长 05
（三）国内环境内生化 06
三、新基建成为产业互联网发展"底座" 07
（一）新基建三大领域呈现新亮点 07

（二）新基建是产业互联网发展必然选择 ………………………… 08

（三）数字技术成为行业实践新动能 ……………………………… 09

（四）新基建催生产业互联网四大新趋势 ………………………… 11

第二章　5G 开启万物互联新世界　15

一、什么是 5G，它厉害在哪里 ……………………………………… 16

二、5G 为何位居新基建首位 ………………………………………… 18

三、中国在 5G 领域领先在哪里 ……………………………………… 20

（一）标准制定 ……………………………………………………… 21

（二）必要专利 ……………………………………………………… 22

（三）智能终端与基站建设 ………………………………………… 24

四、5G 创新应用新趋势 ……………………………………………… 25

（一）高清视频 ……………………………………………………… 27

（二）云游戏 ………………………………………………………… 28

五、5G 发展不仅仅是电信运营商的事 ……………………………… 30

六、全球加快 5G 布局 ………………………………………………… 32

（一）韩国拔得头筹，发力 5G 文娱产业 ………………………… 32

（二）美国加快 5G 建设，多方面展开追赶 ……………………… 33

（三）欧盟紧随第一梯队，保持较高 5G 竞争优势 ……………… 35

七、5G 发展面临的挑战 ……………………………………………… 35

八、未来 3 年仍是 5G 技术关键导入期 ……………………………… 36

九、你可能关心的 5G 热点问题 ……………………………… 38

第三章　人工智能从感知到认知 ………………………… 45
　　一、人工智能的前世今生 ……………………………………… 45
　　　　（一）人工智能基本构成 …………………………………… 45
　　　　（二）人工智能发展史 ……………………………………… 46
　　　　（三）人工智能典型应用领域 ……………………………… 49
　　　　（四）政策引导促进人工智能产业发展 …………………… 52
　　二、人工智能的基础设施 ……………………………………… 53
　　　　（一）人工智能的"燃料"——数据 ……………………… 53
　　　　（二）人工智能的"发动机"——算力 …………………… 55
　　　　（三）人工智能的"大脑"——算法 ……………………… 55
　　三、机器学习 …………………………………………………… 57
　　四、人工智能驱动层次 ………………………………………… 58
　　五、人工智能有哪些应用场景 ………………………………… 61
　　六、人工智能面临的挑战 ……………………………………… 64
　　　　（一）AI 技术应用面临的挑战 …………………………… 64
　　　　（二）AI 产业面临安全风险 ……………………………… 67

第四章　芯片之心 ………………………………………… 72
　　一、全球芯片发展现状 ………………………………………… 72
　　　　（一）全球半导体产业格局 ………………………………… 73

（二）我国半导体产业发展情况 ………………………… 76
二、国产芯片的真实水平如何 ………………………………… 78
　　（一）设计是芯片的开端 …………………………………… 79
　　（二）制造是第二个难题 …………………………………… 81
　　（三）封测是最后一个环节 ………………………………… 83
三、能造出"两弹一星"为何在芯片上犯难 ………………… 84
四、其他国家抓住了芯片发展的哪些优势领域 …………… 89
五、中国在芯片领域有哪些新机会 ………………………… 92
　　（一）AI 芯片 ……………………………………………… 93
　　（二）开源架构 ……………………………………………… 94
　　（三）奋起直追的中国企业 ………………………………… 94
　　（四）基础学科的重要性 …………………………………… 95

第五章　卫星互联网——太空中的"拼多多" …………… 97

一、人造卫星的前世今生 ……………………………………… 97
二、什么是卫星互联网 ………………………………………… 98
三、卫星互联网的发展史 ……………………………………… 99
　　（一）卫星互联网实现从 0 到 1 的突破 ………………… 99
　　（二）绝处逢生的铱星进阶版 …………………………… 102
　　（三）发射火箭吗，可回收的那种 ……………………… 103
　　（四）埃隆·马斯克做对了什么 ………………………… 108

四、卫星互联网要解决的问题 ·· 113

 （一）尚未覆盖地区的通信需求 ·· 113

 （二）航海与航空的需求 ·· 114

 （三）对网络要求严格的高端需求 ·· 115

五、先驱也可能是先烈——卫星互联网行业风险 ····················· 115

六、卫星互联网与 5G 技术的区别 ·· 117

七、卫星互联网热点问题 ·· 119

第六章　车联网的野望 ·· 123

一、历史上的人车关系 ·· 123

 （一）人类发明了汽车 ·· 123

 （二）汽车改变了社会 ·· 124

二、汽车行业面临的挑战 ·· 125

 （一）交通事故频发 ·· 125

 （二）交通拥堵城市病 ·· 125

 （三）驾驶员效率与安全 ·· 126

三、自动驾驶技术走进现实 ·· 127

 （一）自动驾驶领域的参与者 ·· 127

 （二）如何实现自动驾驶 ·· 133

四、车联网的野望 ·· 139

 （一）车联网基本特性 ·· 139

（二）我国产业发展优势 …………………………… 142

　　（三）车联网产业布局 ……………………………… 146

五、未来的人车关系 ……………………………………… 147

　　（一）汽车发展出现了新的特点 …………………… 148

　　（二）用户出现了新特点 …………………………… 148

　　（三）人与车的新关系 ……………………………… 149

第七章　工业互联网——给制造业插上智能翅膀 ……… 152

一、工业互联网的内涵 …………………………………… 153

二、工业互联网的由来 …………………………………… 155

三、全球工业互联网发展格局 …………………………… 156

　　（一）美国 …………………………………………… 156

　　（二）欧洲各国 ……………………………………… 158

　　（三）亚洲各国 ……………………………………… 159

四、工业互联网怎么用 …………………………………… 161

　　（一）质量检测 ……………………………………… 161

　　（二）供应链优化 …………………………………… 165

　　（三）设备智能运维 ………………………………… 166

　　（四）智能营销 ……………………………………… 168

　　（五）工业信息安全 ………………………………… 169

　　（六）安全生产和管理优化 ………………………… 170

五、工业互联网的展望 ·· 173

第八章　数据中心——新基建的新基建 ·········· 175
一、数据中心的发源地——机房 ································ 175
二、海量数据成就数据中心发展 ································ 177
三、数据中心发展基本情况 ······································ 179
四、数据中心建设的参与者 ······································ 184
五、促进数据中心发展的要素 ··································· 187
六、数据中心发展趋势 ·· 188
七、腾讯的服务器时代，我们的时代 ··························· 190
　（一）小作坊时代——极致的资源利用 ····················· 190
　（二）集群化算力时代——资源快速交付、定制化 ······ 191
　（三）飞速建设时代——满足算力几何倍数增长 ········· 194
　（四）高性能、云时代——复杂场景、海量需求 ········· 195

第九章　从见字如面到万物互联 ························ 200
一、越战、猴子与传感器 ··· 201
二、物联网的起源 ·· 202
三、物联网的应用场景 ·· 204
四、物联网典型应用——智能音箱 ······························ 206
　（一）智能音箱成为竞争新热点 ······························ 206

（二）产业链初步成型 ……………………………………… 207
　　（三）智能音箱安全问题不容忽视 …………………………… 208
　　（四）智能音箱未来发展趋势 ………………………………… 210
　五、物联网典型应用 ……………………………………………… 211

第十章　区块链 ……………………………………………… 214
　一、什么是区块链，有什么技术优势 …………………………… 215
　二、区块链有哪些种类，比特币和以太坊是做什么的 ………… 217
　三、区块链应用的主要场景 ……………………………………… 220
　　（一）数字政府 ………………………………………………… 220
　　（二）金融服务 ………………………………………………… 221
　　（三）征信和权属管理 ………………………………………… 221
　　（四）资源共享 ………………………………………………… 222
　　（五）投资管理 ………………………………………………… 223
　　（六）物联网和供应链 ………………………………………… 223
　四、中国区块链产业发展态势良好 ……………………………… 224
　　（一）中国区块链企业发展趋势 ……………………………… 225
　　（二）中国区块链企业地区分布 ……………………………… 226
　　（三）中国区块链企业的注册资本规模分布 ………………… 228
　　（四）中国区块链企业的行业分布 …………………………… 229
　　（五）中国区块链产业生态情况分析 ………………………… 230

（六）中国区块链企业的专利分析 ············· 231

　五、DCEP 和 Libra ··················· 232

　　（一）中国央行数字货币 ················· 232

　　（二）美国 Facebook 的 Libra 项目 ············ 237

　六、中国区块链产业生态典型案例 ············· 241

　　（一）金融服务领域 ··················· 242

　　（二）政务领域 ····················· 243

　　（三）司法存证领域 ··················· 244

　　（四）追溯领域 ····················· 245

　　（五）软硬件一体机领域 ················· 246

第十一章　构建产业安全"共同体" ············· 247

　一、国家竞争安全挑战 ·················· 248

　二、技术创新安全挑战 ·················· 250

　　（一）5G 面临的安全挑战 ················ 250

　　（二）人工智能应用场景带来安全挑战 ·········· 253

　　（三）物联网接入面临安全挑战 ············· 256

　　（四）应用需求多样化安全挑战 ············· 257

　三、产业互联网安全挑战 ················· 258

　四、产业安全四大内涵 ·················· 260

　五、构建产业安全前瞻模型 ················ 261

第一章

产业互联网新图景

2020年以来，新型冠状病毒肺炎疫情在全球蔓延。虽然疫情降低了全球人员交流的频次，但数字化试验却在全球范围内悄然展开。线上生活和无接触经济爆发出巨大的新动能，不仅满足了用户的生活和消费需求，也解决了个体和企业的生存发展问题。疫情暂时关闭了全球物理世界的窗，但给数字世界发展注入了强心剂，数字化的大门正在向全世界快速打开。虽然全球经济社会在疫情的肆虐下暴露出诸多短板和问题，但是疫情也让我们意识到，数字化进程不仅仅是经济社会的必然选择，也是最优解。积极开展数字化转型的企业与行业，往往在疫情期间更有效地完成了自救和恢复。数字化转型优先成为众多企业的战略思考点。

一、后疫情时代的产业互联网发展趋势

（一）疫情推动世界加速调整

疫情导致全球经济增速放缓，引发经济格局的变动和调整。这成为未来一段时期内经济社会发展的最大变量。从最新公布的2020年二季度G20各国的GDP增速来看，除中国外，其他国家的GDP增速均为负增长。这只"黑天鹅"使得全球经济衰退成为必然趋势，从而导致社会深层次矛盾进一步积累。过去我们认为疫情的冲击会是短暂的，但目前看来疫情对全球的影响将是长期的。

不过，任何事物都具有两面性，即使是如此重大的灾难，也有它"温柔"的一面。疫情在给各个国家带来挑战的同时，也在孕育新的机会。历史上很多次经济快速增长，都发生在经济危机之后。危机暴露出经济增长的弊端和不足，从而倒逼了技术创新和改革。例如此次疫情就催化了产业互联网的快速发展。

（二）数字化是国际竞争关键

疫情加快了全球数字化发展的进程。数字技术、传统产业转型、数字货币成为国际竞争的关键力量。

第一，数字技术成为重要的生产力。随着数字技术在广度和深度方面的普及，社会分工更加灵活、多样。数字技术进一步推动民众参与社会共建、共享、共治。

第二，数字技术加快传统产业改造。疫情之后，再也没有绝对的传统产业，各行业或多或少都与互联网进行了融合。在线办公、在线医疗、在线教育的行业革新大踏步前进，将极大促进新消费业态的增长。

第三，数字货币引发新一轮全球货币竞争。试想一下，你有多久没有使用过纸币了？随着贸易、人员、物流跨国流动的减少，数字化一定程度上在弥补人流、物流、资金流的不足。全球金融数字化和数字货币的普及，正在重塑数字经济规则。

（三）边界重构成为结构调整新动力

长期以来，全球边界一直处在不断打破和重建的过程中，疫情作为"催化剂"使这一过程进一步加快。

一是经济安全的边界。全球经济衰退，让各个国家不可避免地开始考虑本国的经济安全问题。尤其是商品、贸易、技术、数据和人员跨境流动可能面临更大摩擦和限制的当下，如何保证本国的经济安全成为各国首要考虑的重点问题。因此，构建本国经济安全边界成为现实选择。

二是产业链区域化边界。过去，一家公司如果设计研发在欧美、生产制造在中国、原材料供应在东南亚，那么它有望成为一家让全球敬仰的跨国公司。但是，疫情的爆发使得全球供应链体系断裂，贸易保护主义抬头，如何推动产业链布局边界稳固更加迫在眉睫。在一定区域内能够完成企业上下游主要产业链的布局，将有效增强行业的韧性和抗打击能力。为此构建区域性、双边性投资和贸易安排的重要性更加突显。

三是新的治理机制正在建立。数字技术的快速发展打破了传统全球治理体系，新的治理机制正在随着数字化进程的发展而加快落地。

疫情推动世界加速调整	数字化是国际竞争关键	边界重构成为结构调整新动力
疫情导致全球经济暂停，引发经济格局变动和格局调整，成为未来一定时期内经济社会发展变量之一。	数字化进程推动生产方式、产品形态、商业模式和国际格局变革，成为推动未来经济社会发展的驱动力。	各类传统技术、要素、国际竞争、产业布局"边界"发生根本变化，冲突进一步加剧，推动经济结构和布局加快调整。

图1-1 后疫情时代的数字经济发展趋势

二、双循环推动数字技术快速普及

（一）传统比较优势减弱

长久以来，"劳动力大国"是我国的重要标签。以1980年为例，我国劳动力全球占比为22.4%，而同期的投资总额占比和研发投入占比分别为2%和1%。因此，在改革开放初期，通过发展劳动密集型产业来发挥我国的优势成为必然选择。随着改革开放40年的经济快速发展,现如今情况出现了巨大的变化。我国在投资总额占比和研发投入占比上,分别达到26%和21.2%,均比劳动力占比高。同时劳动力占比下滑到19%左右。可以看到,劳动力这个过去的优势正在逐步减弱。

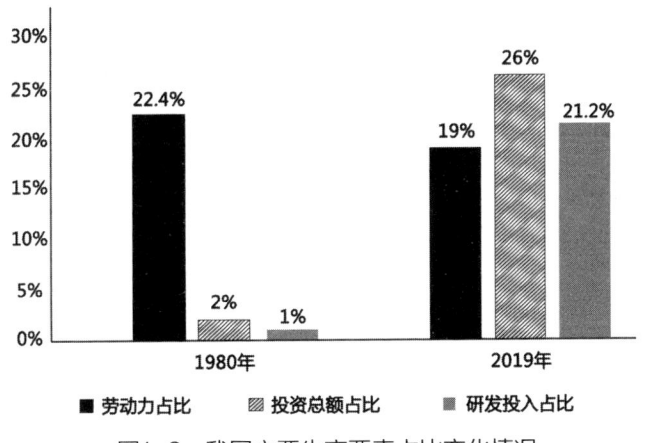

图1-2 我国主要生产要素占比变化情况

(数据来源:清华大学公共管理学院院长、清华大学服务经济与公共政策研究院院长江小涓讲话整理)

(二)竞争优势增长

经过几十年的快速发展,目前我国经济总量规模已经位居全球第二,人均GDP突破1万美元。随着我国中等收入群体不断增加,国内市场规模巨大,并且还在不断扩张。外商投资一直是经济发展的重要指标之一,近年来,我国外商投资每年约为1400亿美元,占我国GDP的比重在1%左右。尽管外商投资的重要性不言而喻，但对我国经济的带动能力和影响力正在逐步减弱。

图1-3 我国经济社会发展成果显著

（三）国内环境内生化

全球经济随着多种因素的影响，有较大可能长期陷入低迷。而我国经济却快速发展，截至2020年三季度，我国GDP同比增长0.7%，实现由负转正，成为为数不多的快速走出困境的国家之一。美国对经济下滑采取的措施，本身是对美国本国经济的施救，但在其他国家看来早已成为值得长期密切跟踪的国际重大问题。同样，随着中国经济的发展和影响力的增强，我国制定的国内宏观政策也将成为国际关注的焦点。国际环境很大程度上取决于国内的发展。因此，国际环境内生化会成为未来一段时间内的重要趋势。

三、新基建成为产业互联网发展"底座"

2020年上半年,国家发展和改革委员会首次明确了"新基建"的范围,包括信息基础设施、融合基础设施、创新基础设施三大领域。一方面,新基建将与新要素、新经济共同推动我国经济高质量发展。另一方面,新基建发展呈现出新趋势,将有效推动我国经济结构优化,支撑业务模式创新,助推我国经济社会加快转型升级。新基建为我国加快数字科技发展、产业优化迭代、产业互联网全面提速带来新的机遇。

(一)新基建三大领域呈现新亮点

新基建覆盖三大领域。信息基础设施:包括以5G、物联网、工业互联网、卫星互联网为代表的通信网络基础设施,以人工智能(AI)、云计算、区块链等为代表的新技术基础设施,以数据中心、智能计算中心为代表的算力基础设施等。融合基础设施:包括智能交通基础设施、智慧能源基础设施等。创新基础设施:包括重大科技基础设施、科教基础设施、产业技术创新基础设施等内容。

我国在这三个方面的技术发展呈现出良好的态势。

在信息基础设施方面:工业和信息化部统计数据显示,截至目前,我国高速宽带光纤网络已经覆盖全国所有城市、乡镇以及99%以上的行政村。4G用户规模超过12.9亿户,占移动电话用户总数80%以上。2020年8月当月,我国月户均移动互联网接入流量(DOU)达到12.25GB。信息网络基础设施跨越式发展,为产业应用生态的繁荣发展打下坚实基础。

在融合基础设施方面:根据国家统计局数据,2019年新建铁路投产里程8489千米,其中高速铁路5474千米。城际轨道交通建设速度加快,同时新技术国产化程度进一步提升,新能源充电桩、轮轨新材料应用等方面均有较多技术创新。5G、大数据、人工智能、物联网等数字技术的广泛应用,促使传统基础设施智能化、数字化以及转型升级趋势愈发明显。

在创新基础设施方面:在世界知识产权组织发布的《2018年全球创新指数报告》中,中国排名第17位,首次跻身全球创新指数20强。中国研发投入总量不断增加,2018年,中国R&D(Research and Development)经费支出达到了19657亿元,同比增长11.6%,较2014年提高1.7个百分点。全国已经布局建设55个国家重大科技基础设施项目,在科技创新和经济发展中发挥了引领作用,有力支撑了科学技术研究。

(二)新基建是产业互联网发展必然选择

一是用户认知加速升级。数字技术成为新基建重要抓手,通过在线方式进行生产、生活成为新选择。疫情期间,大量用户通过线上方式获得生活服务,C2B模式让新基建崭露头角。越来越多的用户开始尝试利用移动互联网工具提升工作和学习效率,深度体验在线课堂、在线办公等全新业务模式。疫情期间，全国30多个省市的教育主管部门提出在线授课的需求，腾讯教育团队积极参与实施，服务学生人数超过1亿。

二是企业协同化觉醒。企业通过线上视频会议、线上营销、云招聘、柔性生产、智能化工厂等数字化工具和平台来开展工作，有效提升自身数字化程度和需求应急响应速度，这成为当前企业转型发展的显著特点。随着5G与AI技术更加实质性地落地，武汉在建设火神山医院、雷神山医院的同时，也实现了5G网络全覆盖，远程医疗成为抗击疫情的有效抓手。人工智能CT设备在湖北最大方舱医院成功部署，最快2秒就能完成AI辅助诊断参考。企业数字化进一步发力，产业链上下游协同成为新趋势。

三是智慧城市按下加速键。智慧城市建设的关键点在于快速反应的城市管理能力。利用大数据、人工智能等数字化手段，建立防疫检查系统、健康码等数字政务应用，可以有效提升社会治理效率。例如，北京地铁公司旗下有450座地铁站、5万名员工。过去要保证地铁正常运营，面对面开会沟通，需要耗费大量精力，召集人员集中开会，传达指示，严重影响应急指挥的效率。而疫情期间通过腾讯会议、企业微信的远程协同，北京地铁最多一天召开142次大型会议来进行工作安排，效率远高于线下会议。

（三）数字技术成为行业实践新动能

5G成为数字经济建设排头兵。一方面，5G时代，移动通信被提到新高度，5G不仅仅服务于个人用户，还将更多地服务于产业用户。另一方面，5G将加快与其他技术融合，推动云网融合发展。在行业解决方案里面，5G整体解决连接问题，同时需要配套云计算提供计算网络的能力。预计到2024年，中国的5G用户将达到10亿人。

人工智能构建第一生产力。在新基建浪潮下，AI的重要性不容小觑，在此次疫情期间，AI的能效也得到共识。AI提供的线上问诊功能，极大缓解了医生在疫情期间的问诊压力。微信、腾讯医典、腾讯健康小程序上推出的义诊服务，累计服务超过1200万人次。长远来看，人工智能技术将推动医疗机构实现分级诊疗，提高医疗资源的配置效率。此外，为支持用户在线复工复课，腾讯会议8天扩容超过10万台云主机，投入的计算资源超过100万核。这背后是过往云计算能力的积累。

工业互联网支撑制造强国发展。新一代信息技术与制造业深度融合是我国从制造大国向制造强国转变的必由之路。疫情期间，腾讯开放了工业互联网公共服务平台来满足企业复工复产、人员防控、医疗物资救助、在线培训需求，发挥海量连接和协同作战能力，增强企业运营能力和产品竞争力。以西安航空基地为例，"WE智造"小程序在4天时间里帮助辖区内60多家企业解决了160多个复工过程中的棘手问题。根据中国信息通信研究院测算，预计到2020年年底我国工业互联网产业经济规模将达到3.1万亿元，带动约255万个新增就业岗位。

新能源充电桩得到快速发展。当前新能源行业进入调整期，但充电桩领域发展迅速。截至2019年年底，国内公共充电桩和私人充电桩总保有量达到121.9万台，其中私人充电桩70.3万台，公共充电桩51.6万台。充电服务费是充电运营商的核心收益，同时，数据服务、增值服务已经开始呈现出新的商业模式和商业盈利能力。随着产业链上下游的分工协作模式逐步显现，中小型企业将更加注重线下服务与运营。

行业协同正在加速落地。新基建的快速普及，将会加快数据流动，形成互联网和实体产业彼此信任、互相依靠的"双打模式"。小程序、公众号、微信支付等连接工具，保障了商家的服务能力和用户的良好体验。例如"乘车登记码"的推出，联动全国各地政府、地铁、公交、出租车公司，实现数据多跑路，用户少跑路。通过企业微信与微信的互通功能，西贝餐饮集团实现了全国200多家门店的客户经理和9万多名顾客紧密连接，借助小程序商城为顾客提供食材订购和线上送餐服务，目前线上营收占其总营收的80%以上。借助云计算与人工智能技术，腾讯与商飞公司打造出了复合材料检测系统，检测过程从几小时缩短至几分钟，同时整体缺陷检出率提升到99%。

（四）新基建催生产业互联网四大新趋势

伴随着技术革命和产业变革，新型基础设施的内涵、外延也会随之更迭。此次官方对新基建的内涵所进行的明确指示，充分体现出信息技术创新与融合发展的重要性。无论是5G、数据中心、人工智能还是工业互联网，都通过不同的连接方式实现人、机、物的广泛连接，通过打通全产业链数据流、信息流、知识流，实现转型升级，助推产业互联网快速发展。

首先，科技基础设施成为经济发展的"新"动力。科技基础设施是实现前沿科技突破创新的重要基石：一方面，科技基础设施是促进国家经济社会发展的科技保障，成为我国高新技术和产业普惠民众的主要动力；另一方面，科技基础设施是培养尖端人才的重要平台，有效推动和提升国际合作水平。我国的重大科技基础设施建设是在20世纪50、60年代"两弹一星"计划的带动下启动的。经过改革开放40多年的快速发展，我国科技资源投入不断增加，重大科技基础设施涉及的领域进一步拓展，在我国科技创新、社会发展、经济建设和国家安全保障中发挥了重要作用。

其次，基础设施集群带来"新"发展。新基建要想发挥作用，需要加快形成技术集群，充分挖掘不同技术的潜在优势和能力，形成技术融合创新发展合力。通过5G等通信网络基础设施加快人与物、物与物的连接，推动数据中心等算力基础设施建设布局来满足海量数据的存储需求，加速提升人工智能基础设施在大数据分析方面的突出能力，从而构建出数字经济发展新趋势，有效构建出以通信网络、新技术、算力为代表的基础设施新集群。

再次，新旧基础设施形成"新"循环。新基建将和传统基建互为补充，共同构成国家基础设施网络。当前所谓的"传统基建"在历史上也曾被称为"新基建"，随着经济社会的发展，基础设施的内涵也不断升级。技术创新会带动社会形成新的产业，新的产业又需要新基建的有力支撑，最终在新基建基础上诞生出新技术。因此，新旧基建交错螺旋发展，共同构成了互为载体、互为支撑、互为服务的国家基础设施大网络，共同构成社会主义现代化强国建设的重要基础和支撑。

最后，新基建带来经济社会"新"影响。传统基建重点面向工业社会，推动原子和能量的流通与应用；新基建重点面向数字社会，推动比特和算力的流通与应用。适度超前的新型基础社会建设将加速数字社会的发展。未来，新基建将一方面拉动内需并促进就业增长，另一方面也为建设数字社会打下坚实基础，提供数字转型、智能升级、融合创新等服务。从整体来看，新基建带来的不仅是基础设施的重新定义，更将带来全新的社会变革。

当然，我国产业互联网还有诸多需要加快改革创新的领域。一是进一步释放国内需求。如加快城镇化进程，提升公共服务质量，减少居民在医疗、教育、住房、养老等领域的压力。二是加快资金循环速度。随着我国科技企业的快速成长，如何让更多国内投资者享受科技创新带来的红利，成为国内资本市场改革与创新的着力点。三是助力科技创新。当前，技术创新与应用趋势明显，科技人才人海战术成为新特征。在没有突破性技术创新的当下，众多企业依靠海量人才战术来实施科技创新，实现小步快跑、快速迭代。

加快产业互联网发展，不是简单的重复建设，而是要与产业进行深度融合，与各行各业产生化学反应，推动行业形成新的产品服务、生产体系和商业模式。同时要优化新基建在产业互联网发展构成中出现的新型安全风险的应对方案,打造产业链生态安全,从而给产业升级带来更大空间,确保国家经济社会安全。

第二章

5G开启万物互联新世界

5G正以前所未有的速度向我们飞奔而来。

2019年6月，工业和信息化部正式发放5G牌照；

2019年10月，中国电信、中国移动、中国联通正式宣布5G启动商用；

2019年12月，国内首款低于2000元的5G手机面世；

2020年一季度，国内5G手机出货量达到1406万部，款式达到43款；

2020年4月，国家发展和改革委员会明确新基建内涵，并将5G列为信息基础设施首位；

2020年6月底，我国连接到5G网络的终端数已达6600万。

一场席卷全球的5G浪潮，正式走进中国的千家万户。一业带百业，5G将助力中国开启经济高质量发展的新时代。

一、什么是5G，它厉害在哪里

在5G出现之前的几十年里，移动通信技术的发展有哪些让我们难以忘怀的里程碑呢？

20世纪80年代，第一代移动通信技术（1G）正式走上历史舞台，我们常说的"大哥大"就是当时的代表，在当年能够用上"大哥大"是一个人身份和财富的象征。20世纪90年代，第二代移动通信技术（2G）开始普及，手机进入普通中国人的视野，打电话和发短信成为当时的刚需，尤其是发短信是很多人经常使用的通信功能。当年甚至有专家说，"以文传意这种含蓄的表达方式，非常适合中国人的性格特点"。2000年左右，第三代移动通信技术（3G）中能够加载的多媒体资源越来越丰富，手机增加了照相机、音乐播放器等多种功能。iPhone智能手机的出现，更是打破了功能手机的统治。2010年前后，全球进入第四代移动通信技术（4G）时代，微信、小程序、App、短视频业务成为当前应用的典型特征。

回顾历史，我们可以发现移动通信技术几乎每十年就会更新迭代一次，手机功能在一代代通信技术的基础上不断丰富升级，逐渐成为消费者身体和器官的延伸。也许有用户会认为，既然当前的4G网络已经让我们的生活更加丰富多彩，为什么还要发展5G技术？5G有什么让人眼前一亮的功能呢？

要回答这个问题，我们需要先坐上时光机，看看当年5G诞生时最初的梦想是什么？

早在2010年,爱立信公司就发布了"网络社会"的愿景,认为在不远的将来,全球将产生500亿部终端的连接需求。海量的连接需求也只是开始,更重要的是无处不在的基础设施可以支持各行各业开发出众多创新应用产品和服务。经过欧盟推广,"网络社会"愿景迅速被国际社会接受,尤其是被全球移动通信产业界所采纳,5G作为实现这一图景的重要抓手正式进入大众视野。

5G通信技术的标准制定和行动计划,是由联合国专门机构,也是联合国机构中成立历史最长的机构——国际电信联盟(International Telecommunication Union)来统筹。

根据国际电信联盟的定义,5G主要包括增强移动宽带、海量物联网通信、高可靠低时延三大业务应用场景。

增强移动宽带(eMBB,Enhance Mobile Broadband),是指在现有移动宽带业务场景的基础上,对用户体验等性能的进一步提升。具体来看,5G网络普及之后能够在人口密集区为用户提供100Mbps的用户体验速率和20Gbps的峰值速率,主要面向高清视频等大流量移动宽带业务。简单讲,5G时代,我们的网络速率将会更快、非常快、超乎想象的快。

海量物联网通信(mMTC,Massive Machine Type Communication),提供低功耗、低成本、支持海量连接服务。未来将可以实现在1平方千米范围内为超过100万台物联网设备提供网络服务。5G技术不仅能够将医疗仪器、家用电器和移动终端等设备全部连接入网,还能面向智慧城市、环境监测、智能农业、森林防火等以传感和数据采集为目标的场景展开应用。这也是5G最大的一个亮点，突破了人与人之间的通信，向着人与物、物与物之间的通信迈进，使万物互联真正成为可能。

高可靠低时延（uRLLC，Ultra Reliable & Low Latency Communication），主要面向智能无人驾驶、远程医疗、工业自动化等需要高可靠低时延连接的业务。5G网络能够为用户提供毫秒级的端到端时延网络服务和接近100%的业务可靠性保证。

看完前面的介绍，你可能会注意到，1G到4G更多聚焦在智能手机领域的创新和发展。手机从过去只能打电话，到具有发短信的功能，再到之后能够看图片、听音乐甚至还能看视频，可谓是发展迅猛。但是这些变化基本上集中在手机终端上进行功能丰富和业务叠加，没有脱离人与人之间的通信范畴。而5G技术则突破这一局限，把范围拓展到人与物、物与物的联系。工业和信息化部原部长苗圩也曾公开表示：未来5G的应用是二八分布，20%是用于人与人的通信，80%是用于物和物的通信。这将是未来新的蓝海。

二、5G为何位居新基建首位

总结历史规律，我们会发现，每一项引人注目的突破性技术的大规模普及，都给我们的经济社会带来了重大变革。电力的广泛应用，让劳动力效率大大提高，开启工业时代；互联网的普及，变革了信息获取与传递的方式，开启信息时代；5G让万物彼此互联，技术加速进步。

根据研究机构预测，到2035年，5G将创造13.2万亿美元的经济产出，促进产生2230万个工作岗位。全球经济的GDP会因5G的运用提升7%，其中，中国将因5G而增加GDP1.13万亿美元和新增就业岗位1090万个。中国信息通信研究院发布5G对中国经济短期影响报告，预测2020—2025年期间，5G将直接和间接带动GDP分别增加3.3万亿人民币和8.4万亿人民币，新增就业岗位300万个。1个单位的5G建设投资可以拉动6个单位的经济增长，乘数效应可观。

5G作为新基建的首要技术，在普及落地初期将带动一定的消费需求，但在当下，我们已经看到消费型互联网环境中的个人用户红利基本消耗殆尽。5G拥有的巨大价值是通过赋能其他行业产生的，它可以逐步创造新的需求，产生新型服务，创新商业模式，从而使人们形成新的习惯，完成价值变现的闭环。

万物互联的产业互联网应用场景是潜力无限的，也是我们建设新基建所希望能够拉动的重点领域。5G不仅仅连接个人用户和智能终端，还要连接万物，实现万物智联、万物可控、万物可管。以电力的应用为例，电力用在普通家庭里的照明等生活设施上，虽然会让我们的生活更加方便，但还是有所局限。而当电力从个人家庭用户走向工厂、农业、制造业，则开启了新一轮产业革命，电力成为影响整个社会变革的新型基础设施，在此基础上继续带动经济社会效率的提升，使人们的生活质量提高。今天，移动互联网将因为5G的普及延伸而开启一个万物互联新时代，它的规模将是消费互联网规模的上万倍，将带来垂直领域内海量多样化的应用。

5G虽然潜力巨大，但是也需要循序渐进地推进。在5G网络建设初期，主要是在技术进步的推动下进行应用需求的探索。随着网络覆盖的进一步完善，业务驱动、产业主导将成为核心。当前，我国的5G建设正处于初期阶段，随着网络覆盖加快，生产、生活中大量存在的哑设备将逐步连接到网络当中，重新发挥作用，5G连接的终端设备将更加多样和海量。为此，数据中心、云计算中心的需求量则会进一步翻番，产生的数据不再呈线性增长，而将带来指数级增长。海量数据是人工智能进行深度学习的"原料"，人工智能将优化和推动智能制造的普及发展。在产业应用领域，5G能够涉及的应用场景更加丰富多样，除了刚才提到的工业设备联网，还会通过车路协同、智能家居、远程医疗、在线教育等应用融入社会的方方面面，深刻地影响和改变我们的生活。

这就是在做新基建的时候5G会被放在首位的原因。因为它是基础中的基础，核心中的核心。

三、中国在5G领域领先在哪里

罗马不是一天建成的，同样地，5G技术的发展也不是最近才完成的。我国之所以能够在2019年成为第一批启动5G商用的国家，很大程度上归功于众多参与者前期在标准制定、技术研发、终端开发等方面的共同努力和良好积累。

（一）标准制定

通信行业的全球标准不仅仅是一个技术标准，它还关系到整个产业的发展和不同国家的科技战略。比如，在2G时代，通信标准由欧洲主导，进而为欧洲在信息通信行业引领全球发展奠定了基础，诺基亚、爱立信等欧洲企业至今仍然是知名的跨国企业，仅诺基亚一家企业的出口额，在2000年就占到了芬兰商品和服务出口总额的24%[①]。另外，在台式机时代，互联网标准、协议大部分由美国来主导，进而推动美国在整个互联网产业占据绝对优势地位，英特尔、微软、谷歌等知名企业成为全球互联网产业中的重要力量。目前，全球市值前20的互联网企业中，美国独占12家，成为互联网产业的基石，这本身也给美国带来了巨大的经济效益。

技术给社会带来的巨大影响力促使更多国家加紧在标准制定方面加大投入。根据中国互联网络信息中心发布的《中国互联网络发展状况统计报告》得知，我国提交的5G国际标准文稿数量占全球的32%，主导标准化项目占比达40%，推进速度、推进质量均位居世界前列。制定通信标准始终是要看国家实力的，这是政治、经济、

---

① 1G到5G之争：一部30年惊心动魄的移动通信史.网优雇佣军.2018.12.13

技术实力综合体的较量，历来只有强国才有发言权。

为加快推动5G在全球的普及应用，国际通信行业标准化组织（3GPP）需要制定一系列国际标准，确保全球顺利推广新型网络技术。在5G性能标准制定过程中，我国提出的5G愿景、概念、需求等内容获得了国际标准化组织的高度认可，新型网络架构、极化码、大规模天线等多项关键技术被国际标准组织采纳。中国电信主导了5G基站基带性能的技术讨论和标准制定，并牵头组织3GPP官方技术标准的撰写工作。中国移动在2017年牵头完成了首版5G网络架构国际标准的制定工作。2018年，中国联通在3GPP发布了首个Sub-6GHz 5G独立部署的终端射频一致性测试标准的工作，为5G时代终端一致性测试提供了技术依据，同时也为相关国家标准的制定提供了参考[①]。华为主导的Polar成为控制信道编码。中国公司积极参与国际标准化制定工作，充分展示了我国在5G发展过程中扮演着重要的角色。

（二）必要专利

专利是一个国家在某个领域实力的重要体现。标准必要专利（Standards-Essential Patents），顾名思义就是指在技术层面无法绕开或者替代的专利。因此，从标准必要专利的数量和占比上，就能看出一个国家，甚至具体公司，是否在这个领域具有竞争优势。

---

① 中国的5G究竟领先在哪儿. 电子工程世界. 2019.5.6

国际知名专利数据公司IPLytics发布的5G专利和标准研究报告显示，中国企业参与5G建设的积极性不断增加，华为、中兴、大唐、OPPO、vivo、紫光展锐等中国公司成为5G标准必要专利的重要贡献者或参与者。截至2019年年底，声明拥有5G标准必要专利的中国企业占比高达32.97%，位居全球第一。其中，华为声明的5G标准必要专利数以3147件排名世界第一位，中兴以2561件排名第三；从通过认证的专利数上看，华为以1274件排名世界第四，中兴以837件排名第五。

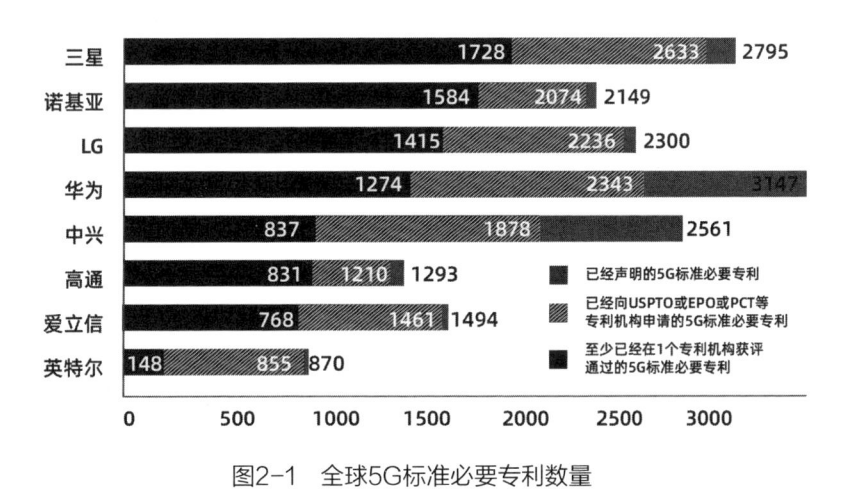

图2-1　全球5G标准必要专利数量

过去几年的发展情况已经表明，3G和4G的专利所有者们主导着移动通信行业中各种移动技术的落地应用。因此，5G标准必要专利的所有者们也可保持在5G时代和后5G市场的影响力。通过4G与5G的专利百分比比较，华为5G专利族的申报率（14.61%）比4G时代高出4.62个百分点。中兴在5G方面成果更加瞩目，其5G专利族的申报率（11.89%）则比4G时代高4.67个百分点，是所有厂商中增长最快的[①]。由此足以见得，我国的企业在全球5G发展方面正在发挥着重要的作用。

（三）智能终端与基站建设

5G时代，智能终端形态丰富多样。智能终端作为第一批收获5G红利的先锋行业，目前处于快速增长期。我国目前是世界上最大的手机市场之一，备受各大手机厂商重视。国产手机厂商纷纷发力5G领域，华为、小米、OPPO、vivo等中国智能手机厂商率先发布了多款5G手机，成为欧洲、北美、亚洲等全球市场与当地运营商的首批合作伙伴。我国手机厂商已经加速成为全球5G商用的重要力量。

在手机价格方面，目前已经有国产手机厂商将5G手机价格拉低至2000元左右，进一步降低了普通用户体验5G网络和应用的门槛。中国信息通信研究院统计数据显示，2020年8月，国内市场5G手机出货量为1617万部，占同期手机出货量的60.1%；上市新机型22款，占同期手机上市新机型数量的48.9%。2020年1月—8月，国内市场5G手机累计出货量达到9367.9万部、上市新机型累计141款，占比分别为46.3%和46.8%。在终端研发和落地普及方面，中国的智能终端厂商和电信运营商已经走在世界5G商用的前列。

---

① 四大维度看IPLytics 5G专利报.通信观察|comobs.2020.3.12

5G技术快速走向市场应用，这背后需要电信运营商积极地加快5G基站规划与建设。我国在2013—2017年，投入超过7000亿元人民币建设了全球最大的移动网络，拥有全球最多的移动用户和宽带用户。这其中电信运营商的基站建设功不可没。目前全球的2G、3G、4G的站点数总和达到11886个，中国的站点数占比为54.1%。2019年，我国建设的5G基站数超过13万个，预计到2020年年底，全国的5G基站数会超过60万个，实现地级市室外连续覆盖、县城及乡镇有重点覆盖、重点场景室内覆盖。

　　基站建设与应用互为补充，相互促进。以4G为例，4G商用之后的2014—2017年期间，基站新建量分别是77万个、102万个、113万个、75万个。2017年，投资量明显下降，仅为75万个，原因是在全国范围覆盖之后，电信运营商的投资基本结束。但是，在2018年投资又有了小幅回升，当年新建89万个，这是由于以短视频为代表的杀手级应用需求的增长拉动了基站的需求。因此，网络建设与应用普及是相辅相成的。一方面，网络覆盖的完善程度决定了是否能够培育出足够丰富的应用；另一方面，国民级应用反过来会推动网络覆盖进一步完善和提升。

四、5G创新应用新趋势

　　未来几年，手机这个超级终端有望真正"走出去"，迈向更有想象空间的"5G+IoT"时代。更强大的网络连接让用户体验进一步提升,新一代杀手级应用有望出现。5G时代应用创新将具备以下五个趋势。

一是创作革新。随着智能手机影像处理能力的快速提升,结合5G大带宽的性能,网络提速使得图像、视频的上传处理速度加快,"全民自拍"的场景有望向"全民自摄"转变,即从照片升级为高清视频,"实时超高清化"成为趋势,中长尾创作"极丰富化"成为可能。

二是交互革新。用户和智能终端的交互方式将更加丰富多样。随着超大分屏能力和5G超高速上下行能力的普及,用户过往通过礼物点赞参与互动的方式将进一步延伸到"真人弹幕"场景,观众与创作者同屏互动成为可能,有望进一步打造超距离参与感和互动感。

三是体验革新。随着5G超低时延的应用普及,VR/AR应用将成为潜在的杀手级应用。用户不再仅仅隔屏观看,还将可以通过VR/AR眼镜体验"身临其境"的感觉,从而营造出沉浸式的现场感,创造内容消费新形态。

四是载体革新。5G时代,物联网的普及将更加快捷,万物智联有望成为可能。智能终端多样化将导致终端设备可以更加便捷、易得、多样。用户将从当前的"低头族"逐步变为"抬头族",手机不再是身边唯一的内容获得终端,互联网入口有望随处可及,物联网设备媒体化成为可能,场景式内容生态将逐步崛起。

五是终端革新。随着5G网络快速普及,人工智能、云计算将进一步把计算和存储能力从终端侧向云端侧迁移。强大的通信能力加上高性能计算给5G终端制造了多种可能。手机和其他智能终端将互相演化替代，一方面5G手机将整合更多大型主机游戏硬件设备，另一方面智能手表、智能眼镜也将具备打电话、发微信等手机功能。智能终端"散生"趋势将更加明显。

（一）高清视频

用户对在线观看视频这一应用并不陌生，尤其是在4G时代，通过数据流量直接观看短视频、直播等行为变得更加普遍。《2019中国网络视听发展研究报告》数据显示，截至2018年12月底，中国网络视频用户规模达7.25亿，其中短视频用户规模达6.48亿，短视频用户使用时长占总上网时长的11.4%，成为仅次于即时通信的第二大应用类型。视频类应用本质上就是高质量内容与高速网络传输能力的结合，一个典型特点就是占用较大的带宽，需要较高的传输速率。

目前来看，我国的4G网络实际体验速率在20Mbps左右，在小区边缘信号较差的区域体验速率相对较低。在信号覆盖较好的情况下，4G网络基本能够满足720P、1080P的视频体验。工业和信息化部、国家广播电视总局、中央广播电视总台印发的《超高清视频产业发展行动计划(2019—2022年)》指出，要按照"4K先行、兼顾8K"的总体技术路线，大力推进超高清视频产业发展和相关领域的应用。预计到2022年，我国超高清视频产业总体规模将超过4万亿元人民币，4K产业生态体系基本完善，8K关键技术产品研发和产业化取得突破。华为公司的测算数据显示，4K和8K超高清视频需要带宽在20Mbps至85Mbps之间。5G的大带宽、低时延特性有望解决超高清视频等大带宽业务传播的网络传输技术问题，从而推动行业应用的快速落地。超高清视频应用正成为5G应用初期基础电信运营商及5G商用相关企业探索市场的最大亮点，有望成为5G前期部署的主要应用场景和业务拉动的重要驱动力。

在抗击新型冠状病毒疫情期间，5G高清视频应用发挥重要作用。武汉火神山、雷神山医院建设速度堪称中国奇迹，其建设过程受到了全国乃至全球网民的关注。借助5G网络在大带宽、高速率方面相对成熟的技术，实现了"云监工"应用场景。据媒体报道，同时在线观看两所医院建成过程的网友最高峰时超过了1亿人。首个远程会诊平台在火神山医院启用，远在北京的优质医疗专家资源，可通过远程视频连线的方式，与火神山医院的一线医务人员一同对病患进行远程会诊。

（二）云游戏

游戏一直是用户喜爱的应用，随着游戏制作越来越精良，手机有限的空间很难满足大型游戏对存储、运算以及渲染能力的高要求。大型游戏同时对手机的显卡、CPU、GPU等硬件设备的要求也非常苛刻。5G具有较高数据传输速率，大量文件可以存储在云端，随用随下载。云游戏就是希望借助5G超高速的传输能力，将其需要的运算和渲染能力迁移到云服务器上，只需要把处理过的高清视频传输给手机终端即可。

事实上，云游戏早在2009年就已经出现，但之后并没有快速普及。究其失败的原因，主要是无线网络延迟和服务器的处理能力限制了当时云游戏的实现。5G网络的大带宽和低时延特性满足了高清视频的流畅传输需求，云端的高性能计算和渲染能力足以支撑起游戏画面，把计算和存储功能放在云端，用千元机就可以随时随地玩大型游戏。

对于当前用户喜爱的热门游戏，如果其游戏画面的视频分辨率低于4K，在4G网络和5G网络下其实是没有区别的。但是对于应用场景复杂、元素丰富的游戏而言，其对响应时间和速度都有严格要求，这类多人游戏或者是沉浸式大型游戏则对网络质量要求更高，5G网络为这类游戏提供了大面积普及的可能。

许多大型游戏对CPU、GPU都有着非常高的要求。在最新的IGN百大游戏和PC Game两大榜单中，排名前16的游戏里（共有30款），有15款游戏对电脑CPU的基本配置要求都在Corei5及以上；有12款游戏对电脑显卡的基本配置要求在英伟达GeForce GTX660及以上；有20款游戏对内存的要求在6GB以上；有17款游戏需要占用10GB以上的存储空间，其中7款需要占用超过30G的存储空间[①]。而且这些基本配置只能够满足游戏画面一般需求，如果希望画面渲染得更逼真、更完美，那么就需要更高配置的电脑才能实现。5G

---

① 数据来源于《2020中国5G经济报告》，由高通公司委托中国国际经济交流中心、中国信息通信研究院撰写

时代，云游戏的出现可以将存储、计算和渲染在云端完成，这样一来低端设备也可以运行大型游戏。5G技术有望带动高质量游戏的普及，进一步降低游戏的硬件门槛，玩家可以尝试的范围进一步扩大。

另外，云游戏让玩家通过云端来读取游戏进度，在任意终端可以无缝切换。同时，游戏的参数统一存储在服务器里，网络只负责简单指令和游戏画面的传输，一旦有作弊行为则更容易被系统监测到，从而降低各种游戏出现漏洞的概率，更有利于保障竞技环境安全。

五、5G发展不仅仅是电信运营商的事

作为下一个改变世界的技术，5G就像水、电、煤气等公共基础设施一样，将在我们的生活中广泛存在。根据以往通信网络的发展经验来看，网络发展主要包括规划、建设和应用几个方面。电信运营商主要负责规划和建设，但真正想发挥好5G的潜力，还需要各个行业与5G进行深度融合。

从这个角度讲，5G应用能否成功，就不仅仅是电信运营商的事情，而是整个社会的事情。因此，与其说"4G改变生活、5G改变社会"，还不如说"社会改变5G"。

5G将会产生更多的垂直行业应用，这就要求创新主体要能够直

击行业痛点。但是，电信运营商很难对具体行业有深入和全面的理解，因此需要与垂直行业的企业进行深度合作，共同完成5G技术的推进。在这个过程中，很多需求需要更懂行业具体情况的企业去挖掘，通过多方共同合作来寻找合适的技术解决方案，甚至是商业模式。实际上，5G商用将构建一个更加专业化的服务体系，这种需求来自供需双方的相互学习和共同探索。

腾讯专注于5G边缘计算、5G车路协同等方向的技术攻关。在5G边缘计算方面，腾讯与中国联通在深圳、广州两地4G/5G现网环境下，推出全国首个基于商用现网规模验证的MEC整体解决方案。基于腾讯自研HTTPDNS边缘计算业务调度方案，腾讯TMEC平台支持部署业务的安全隔离、调度等操作。腾讯从互联网应用后台安全接入、网络数据安全传输、终端用户特性、商用部署等多个维度进行了一系列技术研究和现网实践，并已服务于腾讯视频、腾讯云CDN等业务。同时，腾讯积极参与3GPP和CCSA等国际及国内标准组织的5G边缘计算标准化项目，并输出业务需求和技术方案，内容涉及业务调度、网络能力开放、边缘计算平台架构等。

在5G车路协同方面，腾讯长期致力于相关解决方案的探索，聚焦于V2X数据的深度处理及价值提炼。目前，腾讯已发布了5G车路协同开源平台，该平台可以根据应用需求聚合第三方能力，高效移植和整合现有应用，实现深度定制，支持实际部署中需要对接的多种无线网络协议，兼容现有系统和设备，实现"人—车—路—云"的协同，更好地满足各种车路协同场景的需求，可灵活地进行轻量级异构部署，降低业务迁移难度。腾讯在自动驾驶测试中引入了C-V2X通信套件构建数字孪生测试环境，提高了自动驾驶测试效率，以及测试人员和设备的安全性。

腾讯依托国际标准组织3GPP和5GAA，及国内标准产业组织汽标委、CCSA、C-ITS、IMT2020等，逐步参与构建完善的车路协同标准体系，包括应用层消息集标准、V2X与边缘计算融合标准，支持高效率实车在环仿真的测试和大规模测试验证与数据开放，解决大规模产业化落地过程中的系统互联互通问题和C-V2X系统性能优化问题。

六、全球加快5G布局

（一）韩国拔得头筹，发力5G文娱产业

韩国于2019年4月正式商用5G，成为全球首个商用5G的国家。截至2019年年底，韩国85个城市部署了19万个5G的AAU基站，用户数突破500万，其网络覆盖了93%的韩国人口。韩国的5G用户平均数据流量达到27.1 GB，是同期LTE用户数据流量消费的3倍。

作为"第一个吃螃蟹"的国家，韩国依托本土在文化娱乐方面的优势资源，率先以"5G+大文娱应用"为突破口，加快5G在虚拟现实（VR）/增强现实（AR）、云游戏、直播等领域的应用推广，为个人用户快速体验5G网络提供了丰富的内容场景。在政策扶持

上，韩国政府为电信运营商提供了为期2年的1%～3%的税收抵免，以减轻他们在5G网络建设方面的支出。同时，为鼓励更多消费者使用5G网络和应用，韩国监管部门要求各电信运营商设置了55万韩元/月（约323.3元人民币/月）的最低套餐价格。

据了解，韩国计划到2022年底建成彻底覆盖韩国全国的5G网络。为实现这一目标，韩国政府将借助民间投资的30万亿韩元（约合人民币1761亿元），并指定与5G相关的智能手机、机器人、无人机等10个核心产业和实感技术、智能工厂、智慧城市、无人驾驶汽车及数字健康管理等5个核心服务，对这些产业和服务进行重点支持，在5G网络的建设方面发力。

为了鼓励5G技术的应用，韩国政府发布"5G+战略"，出台一系列支持政策，包括制定激活5G相关产业的方案、5G服务的资源保障方案、购买5G电信设备的税收优惠以及对5G网络项目的大力支持等，并且将率先在政府机关和公共区域引进5G网络技术并开展试点。韩国政府还在民间投资5G网络建设方面给予了税收优惠，计划帮助韩国中小企业建设1000个5G技术相关产业工厂，提高主要制造业的生产能力。同时，韩国政府还推动韩国三大运营商SKT、KT和LGU+在2019年达成协议，承诺为实现5G网络的商用化而共同投入资金和技术，共建、共享基础设施。

（二）美国加快5G建设，多方面展开追赶

美国政府近年来多次颁发新政和法案，对5G发展进行全面布

局。2018年10月,美国联邦通信委员会发布"5G FAST"计划,向市场释放频谱资源,推荐5G网络基础设施建设,优化相关法律法规,保护产业链安全,激励运营商投资并提供服务。2020年上半年,美国众议院陆续通过了《促进美国5G国际领导力法案》《促进美国无线领导力法案》《保障5G及以上安全法案》三个法案,意欲加强美国在相关国际标准制定机构中的领导力,确保国家级战略目标的精准实施。

有研究机构分析,美国无线产业计划将在5G网络建设中投入2750亿美元,创造300万个美国就业岗位,使美国经济增加5000亿美元。为此,美国在5G领域开始实施追赶及竞争性的策略,试图利用政治、军事上的资源助推5G产业发展。为改变以往5G使用毫米波的弊端,2019年12月,美国联邦通信委员会开展有史以来规模最大的频谱拍卖,2020年还将启动中频段频谱拍卖。同时,美国政府正在推动美国第三大和第四大电信运营商进行合并。为了进一步建立在5G领域的优势地位,美国发布"开源5G"研究项目,敦促美国高科技企业积极加入5G开源软件开发,建立一个对美国友好的5G/6G生态系统。

在5G网络建设方面,美国四大运营商均已开启5G商用,重点部署毫米波段业务,并正在向中低频段扩展。其中,T-Mobile已经在2019年12月底使用600MHz频谱开通全国性5G网络,低频段网络覆盖了美国5000多个城镇,2亿多人口。AT&T则在2020年上半年实现美国所有城市基于850MHz频段的5G网络商用[1]。

（三）欧盟紧随第一梯队，保持较高5G竞争优势

早在2016年，欧盟就发布了"5G行动计划"，将5G技术视作战略机遇，其成员国和业界各方还合作制定了5G时间表，全面推动5G标准研发、频谱划分、网络建设、商用试点等计划，并指引欧盟各国制定本国的5G发展路线。欧盟5G应用涵盖工业互联网及其他多种应用场景。此外，欧盟还于2018年4月成立了工业互联与自动化5G联盟（5G-ACIA），旨在推动5G在工业生产领域的落地。

欧盟5G应用试验涉及工业、农业、AR/VR、高清视频、智慧城市、港口等多场景。英国伍斯特郡的5G工厂探索了使用5G进行预防性维护、远程维修指导等应用；德国电信在汉堡港的船舶上安装了5G传感器以支持实时传输船舶行驶轨迹和环境数据，还将交通灯接入5G网络，工程师可以远程控制交通流量。主要电信运营商已经在十多个国家开通5G服务。

七、5G发展面临的挑战

通信行业与垂直行业仍需加深理解。当前5G建设的主要力量仍

---

[1] 专家视点：中国信通院副院长王志勤：加快5G网络建设点燃数字化转型新引擎.人民邮电报.2020.3.4

是电信运营商和通信设备商，垂直领域的行业客户对5G理解有限，而通信行业对垂直行业分析不够深入，业界需要寻找行业痛点与5G结合的突破口，深入探索与相关行业共赢的全新商业模式。目前可以体验的高清视频直播、远程医疗、云游戏等5G应用仍然处于演示阶段，4G增强型应用将是5G发展初期可能发展的主流业务。

5G网络建设与运维成本较高。由于5G网络使用较高频谱，因此5G基站密度将高于4G基站。中国信息通信研究院的分析显示，在同等覆盖情况下，5G中频段基站数量将是4G的1.5倍左右。在耗电量方面，5G基站初期的用电量将是4G基站的3～4倍。另外，我国目前还有3.1亿2G和3G用户，电信运营商将同时运营2G、3G、4G、5G多个通信网络，复杂度大大提升。

商业模式不清晰，行业用户动力不足。总的来看，5G应用潜力将大部分应用在行业用户中。但行业用户在看不清投资的盈利模式之前，并不愿意为此买单。尤其是在5G应用初期，昂贵的5G网络解决方案难以让企业为此过多投入。因此，电信运营商和垂直领域用户都需要深入思考5G带来的模式创新和典型应用有何特性。

八、未来3年仍是5G技术关键导入期

从2019年6月6日我国正式发放5G牌照至今，5G成为政府、社会、民众关注的焦点。公众对5G表现出前所未有的期望。这种期望

既有因中兴、华为遭到打压引发的担忧，又有5G作为我国少有的领先全球的技术带来的自豪。然而，这期间并没有见到杀手级应用出现，也不乏对5G技术产生的一些质疑声。

对于5G的认识，既不能保守地认为5G技术不成熟、成本高、投资大、应用不丰富，也不能简单地认为5G来了，只要加大投资就马上能够产生盈利效应。事实上，未来3年，仍将是5G技术发展的关键"导入期"。

第一，5G技术仍处于商用导入阶段。随着3GPP宣布R16版本标准在2020年6月30日正式冻结，5G关键的独立核心网组网技术正式完成，在R15标准大带宽能力的基础上，R16标准进一步增强了高可靠低时延的能力[1]。但从标准统一到设备研发和部署，仍需要1~2年的时间，这是基本的产业发展规律。5G从"能用"到"好用"需要一定的导入时间。

第二，5G助力产业互联网仍需深入协同。产业互联网百业千面，难以像消费型互联网一样提供标准化产品和服务。在这个过程中，每个行业面临的问题都是全新的挑战，在解决这些问题的过程中没有案例可以借鉴，单纯消费互联网的打法又难以照搬，需要互联网企业、电信运营商、网络设备商、行业客户、应用开发者进一步加快协同，构建数字技术与垂直行业应用标准，通过不断积累的成功案例和应用场景来给各行业打造标杆。

---

[1] 在3GPP TSG第88次会议上，国际移动通信标准制定组织3GPP（第三代移动通信合作伙伴计划）宣布5G第一个演进标准R16（Release 16）冻结

第三，5G是双循环战略的推动力。5G是物联网、人工智能、云计算、大数据等技术的联接基础，其价值在于把这些各自独立的"技术孤岛"连通，构建成一片"数字化技术大陆"[①]。同时，适度超前的网络是应用发展的基础，5G渗透性强，辐射带动面广，是促进产业互联网发展数字经济的利器。当前我国正在打造"以国内大循环为主体、国内国际双循环相互促进"的发展新格局，发展以5G为核心的数字技术对双循环战略价值巨大。

九、你可能关心的5G热点问题

Q1：在珠穆朗玛峰上覆盖5G信号有什么意义？

A：

一方面，复杂环境下的技术成果可以彰显5G技术的综合实力。作为服务于公众的移动通信技术，5G需要能够经受住各种不同环境，甚至是极端恶劣环境的考验。如果5G网络从元器件到系统应用，都能够经受住珠穆朗玛峰恶劣自然环境的考验，这将给潜在的用户带来极大信心，从而有效消除公众对5G网络能否承担更多更丰富业务的疑虑。

另一方面，这类新闻事件可以推动大众的认知改变，加快5G技术在社会中的普及。新技术在给我们带来新机遇的同时，也将面临

---

① 陈志刚.5G行而不辍，未来可期.水煮通信.2020.10.1

巨大的不确定性。普通用户对新技术心存疑虑，社会整体认知会对新技术的普及带来较大阻力。当5G网络覆盖珠穆朗玛峰后，公众对5G的认知将更加积极，为公众理解5G、探索5G应用场景提供了极具代表性的案例。把犹豫不决的人变成积极拥抱5G的人，从而加快整个社会对5G的接纳速度。

Q2：埃隆·马斯克的卫星互联网会颠覆5G网络吗？
A：

目前来看，可能性不大。

一是两者通信方式不同。用户通过卫星访问互联网，数据传输过程中要通过卫星间的星间链路传递，同时需要配置接收终端才能把数据传递到手机上。而5G用户通过基站就可以接入网络。因此，卫星互联网并非手机直接连接卫星，而是通过特定的接收装置才能完成，两者通信方式差异较大。

二是带宽与时延差距较大。当前，埃隆·马斯克主导的"星链计划"能够提供64Tbps带宽，而当前全球4G网络能够提供的带宽超过6000Tbps，两者差距相距甚远。同时，5G网络空口理论时延仅为1毫秒，而卫星通信从地面到空中再返回地面的时延至少需要3.6毫秒。因此，卫星互联网难以应用在对时延要求极为严格的应用场景。

三是应用场景形成互补。5G网络的普及应用将更多地满足个人用户和企业用户需求，尤其是人与物、物与物的网络连接。虽然移动通信网络能够极大满足我们的生产、生活需求,但我国目前仅有30%的国土面积覆盖有地面基站信号,剩下70%的面积,例如海洋、沙漠、森林、无人区、部分高原等都没有信号,这些领域将成为卫星互联网的发力重点。卫星互联网与5G网络互为补充,有望构建空天地一体化的网络覆盖。

Q3:5G 的哪些应用需要在毫米波内实现?

A:

从单载波带宽来看,4G带宽最大为20MHz,5G带宽可进一步扩大到100MHz(FR1)和400MHz(FR2),大带宽与多天线技术相结合,使得5G能够支持更高的峰值速率,其中FR1峰值速率可达到1Gbps,FR2峰值速率可达到10Gbps。在此基础上,利用载波聚合技术将两个400MHz的带宽进行聚合,FR2频段峰值速率最高可达20Gbps。

毫米波传输具有大带宽和高速率的特点,但另一方面,毫米波传输距离有限,容易受到干扰。毫米波的特性决定了它主要被应用在大带宽、高容量的场景,尤其是在人口密度大、网络容量需求高的热点地区。

一是适合在大型场馆与产业应用部署。例如音乐会、体育馆等人口密集区域,毫米波可带来数千兆比特速率及低时延和大容量体验,以往在万人体育场观看演出时手机信号较弱、网速较慢的情况将大大缓解。同时,毫米波还可为智能网联汽车通信提供所需的更高数据传输速率与准确度，实现更精准的驾驶安全辅助。

二是作为固定宽带业务补充。毫米波可用于固定无线宽带接入业务，满足家庭典型应用（如4K、8K电视等超高清视频）的传输需求。美国在部署毫米波应用时，典型的场景就是通过家庭配置的CPE设备接收5G毫米波信号，来实现室内网络的覆盖。

三是适合保密通信。毫米波系统使用的高增益天线同时具有较好的方向性，能够减少信号之间的干扰，这一特性可以进一步消除干扰，从而有效增强通信的安全性，降低信号被截听的概率。

Q4：5G在使用毫米波技术时还有哪些瓶颈？

A：

毫米波技术瓶颈表现在以下几个方面。

一是我国的毫米波技术产业与国外领先水平相比存在差距。毫米波频段的核心器件主要包括功率放大器、低噪声放大器、锁相环电路、滤波器、阵列天线、高速高精度数模及模数转换器等。为满足更高阶调制方式及多用户通信等需求，高频功率放大器、低噪声放大器需要进一步提升输出功率、功率效率及线性度等性能；锁相环系统需要进一步改善其相位噪声及调谐范围等性能；滤波器需要提升其带宽、插入损耗等性能；数模及模数转换器件要求满足至少1GHz的信道带宽的采样需求，提高精度并降低功耗；新型的高频阵列天线需要满足高增益波束和大范围空间扫描等方面的需求。

此外，作为5G高频段通信系统走向实用化的关键步骤，低成本、高可靠性的封装及测试等技术也至关重要。我国高频器件技术突破难度较大、产业起步晚，集成电路制造工艺、基础材料等产业基础薄弱。为此，我国产业界也在加快毫米波研发和测试步伐。按照IMT-2020(5G)推进组统筹规划、分阶段推进的原则，未来对毫米波试验的工作大体分为以下两个阶段：一是在2020年重点验证毫米波基站和终端的功能、性能和互操作；二是在2020—2021年期间开展典型场景验证。

二是我国毫米波频段的频谱资源仍有待协调。目前我国的卫星、雷达等已经在使用毫米波频段，如果要在5G领域应用，则需要加快协调力度并重新分配频段资源。

Q5：毫米波通信对人体有伤害吗？

A：

通俗来讲，辐射是能量在空中的传递，一般按照其能量的高低以及电离物质的能力分为电离辐射和非电离辐射。

电离辐射是指传播能量较高的辐射，比如紫外线、X光、宇宙射线、核辐射。这类辐射所含有的能量足够损坏DNA等分子本身的结构，对人体健康会产生较大损害。

传播能力较小的非电离辐射有阳光、手机辐射（包括毫米波）、红外线、微波炉用的微波、收音机的电磁波等。目前，并没有确凿的证据可以证明，非电离辐射会提高致病概率。同时，海外有研究机构数据表明，人体持续8小时在60GHz毫米波的辐射影响下，并未出现眼部损伤，皮肤温度也仅仅上升了不到1℃，与医学上认定的辐射受损相差甚远。

Q6：5G 在每平方千米可连接 100 万个智能终端，4G 能够达到多少？5G 的核心技术有哪些？

A：

从实际应用的角度来看，4G网络的容量为每平方千米2000台的连接数。需要指出的是，4G网络在数据连接上因为没有优先级概念的区分，因此一旦有数据要发送就要占据一个连接。而5G网络是有优先级区分功能的，因此可以极大地扩充网络的容量。再加上5G网络特有的多天线和波束成形技术加持，可以让网络性能有较大的提升。因此把4G网络升级到5G网络，的确有很大的应用需求。

Q7：有预测说 2025 年 5G 用户将达到 8 亿，这个预测的主要依据是什么？

A：

当前，我国信息通信行业处于快速发展阶段，5G产业和用户发展能力将得到有效释放。

从用户发展来看，GSMA（全球移动通信系统协会）预测，到2025年，中国5G的渗透率将增长到接近50%，该结论主要综合了中国运营商推动、消费者意愿、5G手机普及以及政策推动等多个因素。中国信息通信研究院预测，到2025年，中国5G用户将达到8.16

亿户，5G在移动用户的渗透率将达到48%左右，与GSMA的结论基本一致。

回顾4G用户的发展历程，我国的4G用户在3年的时间里就突破了7亿户。2013年年底，我国启动4G商用，在政策引导、电信运营商推动下，4G用户实现了快速增长。这一数据在2014年达0.97亿户，2015年达3.86亿户，2016年达7.7亿户，2017年达10亿户，2018年达11.7亿户，2019年达12.8亿户。随着超高清视频、浸入式游戏、虚拟现实/增强现实等新兴业务快速发展，用户对通信质量和应用丰富程度的需求将日益强烈，成为加快5G普及落地的重要推动力。

从5G终端数量来看，有关统计数据显示，截至目前，全球共有81家供应商宣布推出了或即将推出5G设备。目前有283家已经推出5G终端，其中有108家推出的是智能手机。2020年1—3月，国内5G手机出货量达到1406万部。华为、vivo、OPPO、小米等成为用户首选的几个品牌。

从换机需求来看，相关研究机构分析，用户平均更换手机的周期为22个月。换机节点方面，持有手机19~24个月是多数人更换手机的窗口期。放眼当前用户消费5G机型的价位区间，大部分用户仍以中高端机型为主，4000元及以上的手机消费占比80%。但随着5G产品开发的日趋成熟，以及厂商向2000元以下价位的不断下探，5G手机的主要竞争市场将逐步完成向中低价位的过渡。中低价位5G手机的技术成熟，将进一步降低用户更换手机、向5G网络迁移的成本，推动5G用户快速增长。

第三章

人工智能从感知到认知

一、人工智能的前世今生

（一）人工智能基本构成

人工智能（Artificial Intelligence，简称AI）从概念上简单来讲就是，计算机或者机器拥有像人一样的智能能力。人工智能概念自提出以来，经历了长期而又波折的算法演进和应用检验。直至5G、大数据、云计算、物联网等新一代信息技术飞速发展，人工智能得到了超强算力、优质算法、海量数据和广泛连接的支持，逐渐演化为融合信息技术、机械、生物等一系列现代科学技术的集成体系，成为新基建的重要组成部分，是有效推动经济社会发展的新引擎。一个集聚庞大的数据流、信息流、技术流和基于万物互联、跨界融合、人机共生的人工智能时代已经到来。

从学科上来讲，人工智能是多学科融合在一起的交叉学科，目前主要包括计算机科学、统计学、脑神经学、社会科学等学科。说完人工智能的组成学科，我们再来看看人工智能主要包含哪些模块。人工智能主要包括四个模块。首先就是识别，识别是指当用户讲一句话或者给出一个图形时，人工智能能够把图形识别出来，把语音或图像识别成文字。其次是认知和理解，顾名思义，认知和理解就是人工智能可以理解用户说的话的含义。之后人工智能会对用户说的内容进行分析，最后形成决策。

（二）人工智能发展史

事实上，人工智能的概念是20世纪50、60年代被提出来的，自1950年阿兰·图灵（Alan Turing）预言智能机器的出现并提出判断标准以来，人工智能的发展和突破多集中于概念和科研领域。一直到20世纪90年代，人工智能领域出现了一个里程碑的事件，让大众第一次见识到人工智能的影响力。1997年，当时的国际象棋冠军卡斯帕罗夫和IBM国际象棋电脑"深蓝"进行国际象棋比赛，最终"深蓝"战胜卡斯帕罗夫，人类在历史上第一次败给机器，这件事震惊了全世界。

在这之后，机器战胜人类的新闻越来越多，比如2016年，谷歌围棋人工智能AlphaGo与韩国棋手李世石进行较量，最终AlphaGo战胜了李世石，让人们再次见识到人工智能的威力。随后一年，"人机大战"2.0又开始了，这次是升级后的AlphaGo挑战世界排名第一的围棋世界冠军、中国棋手柯洁，双方进行三番棋大战。这一次大家似乎更看好这个具有强大的计算能力、又毫无人类情绪化冲动的机器人能获取胜利[①]。结果不出所料，机器人最终以3∶0取得胜利。

在这之后，随着语音识别、计算机视觉等技术相继取得重大进展，人工智能在产业落地和商业应用上呈现出爆发式发展规律，被广泛应用于汽车、医疗、金融、家居、教育等各垂直行业。人工智能时代正式拉开帷幕。

一些专家学者谈到人工智能时，会提到人工智能的发展史经历了多次低谷和高潮。实际上，从我们的研究角度来看，人工智能的发展有两个时期。20世纪60年代至80年代，人工智能的发展都是基于规则的系统进行研究的。到20世纪80年代后，基于规则的研究开始进入衰落期，而基于数据驱动的人工智能发展则进入快车道。所以，从人工智能的发展路线来看，基于数据驱动的人工智能在20世纪80年代开始逐步兴旺起来。从算法上来讲，最早期的算法一般是传统的统计算法，到后来向神经网络迈进，20世纪90年代又变成了浅层算法；2000年左右，SVM、Boosting、Convex等一系列算法都开始兴起。直到最近，数据量越变越大、计算能力越变越强，这对深度学习产生了巨大的影响。所以，2011年之后我们处在深度学习兴起的过程中，这也引领了现今人工智能发展的新高潮。

---

① 5G+ABC将如何塑造未来. 无线深海. 2020.7.11

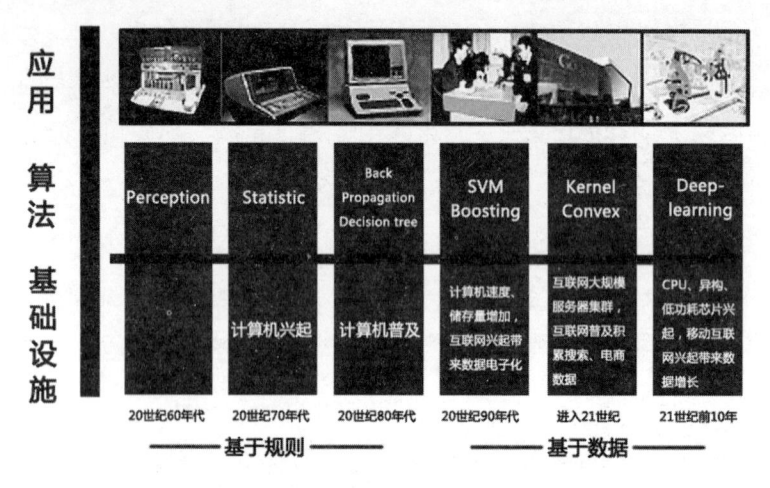

图3-1　基础设施发展推动算法技术演进

　　人工智能的能力和基础设备完善程度是非常相关的。基础设备包括硬件设备和数据量这两个重要条件。从20世纪70年代个人计算机的出现和普及，再到20世纪90年代互联网的兴盛，一直到2010年有更多的软硬件出现，如移动互联网、GPU、异构计算等，这些都是基础设施发展历程中的重大变化。

　　强大的算力、精进的算法、海量的数据和广泛的连接是人工智能技术转化落地的主要驱动力。在算力层面，云计算架构的广泛部署和硬件芯片水平的提升，显著减少了人工智能模型计算的时间和成本。在算法层面，以深度学习为代表的基于大数据分析和自我训练的机器学习模型日益成熟，成为人工智能最重要的技术方向。深度学习的目的是训练出一个有效的模型，用来解决各类场景问题。

如学生培养解题能力一样，不断地做各种类型的题目，当题目数量足够多时就会形成一个行之有效的解题模型。

在数据层面，以5G为代表的新一代通信技术将创造更加海量的异构数据，大幅提升传输速度。大数据技术的不断优化，能够将海量数据充分转化成人工智能可用训练数据的效能。在连接层面，物联网极大地拓展了互联网连接的广度和深度，重塑现实与网络的关系。总之，人工智能技术将更加深刻地影响人类社会。

（三）人工智能典型应用领域

1. 交通领域

人工智能可以在路线优化、车辆调度、拥堵分析等方面起到关键作用。

一是交通信号灯智能适配。结合地图App、监控视频等数据，人工智能可以分析并锁定拥堵原因，智能调控信号灯，缓解道路拥堵情况。二是辅助驾驶。当汽车在车道偏离时可以及时预警，此外还有对驾驶员进行疲劳驾驶检测，发出行人检测预警，进行夜视辅助等功能，有效降低车辆安全风险。

自2018年以来，美国加利福尼亚州共有66家公司获得自动驾驶汽车测试许可，这些自动驾驶公司在2019年的自动驾驶里程同比增加42%。美国已经有一半以上的州颁布了自动驾驶相关立法。人工干预次数是衡量自动驾驶技术成熟度的重要指标，人工干预次数越少表示自动驾驶技术越成熟。根据剑桥大学发布的《2020AI全景报告》显示，百度公司声称其自动驾驶技术快速提升，达到18050英里（1英里=1.609千米）中人工干预仅一次，超过了谷歌Waymo的13219英里中人工干预一次的记录，位居第一。

三是航空优化。人工智能可以对飞机航线网络进行优化，整合客运、货运收益管理等，并对不正常航班进行指挥管理。

2. 医疗领域

人工智能在影响分析、辅助诊疗、健康管理等方面成为医生的好助手。

一是医疗影响分析。人工智能技术通过图像识别技术加快病灶识别和标注，减少医生的重复性工作，辅助医生降低误诊率，帮助医生发现更有价值的罕见症状。美国医疗保险和医疗补助服务中心提出了基于深度学习的医疗成像产品费用标准。AI系统可以快速扫描胸透等多种医疗影像，并将筛查结果提交给医学专家。

二是综合性诊疗。医生可以利用自然语言处理、知识图谱、计算机视觉等各种AI技术，综合病人各维度信息及医疗知识进行推理、诊疗。并且，人工智能还可以设计药物，目前在日本已经开始了一期人工智能制药的临床试验。一批基于AI前沿算法研发药物的公司，已经能够运用卷积神经网络预测小分子药物与目标蛋白的结合能力。

三是身体健康管理。通过健康状态监测、疾病发生预测全方位管理健康。2020年7月，钟南山院士团队与腾讯AI Lab联合发布了一项利用AI预测COVID-19患者病情发展至危重概率的研究成果，可分别预测5天、10天和30天内病情危重的概率，有助于合理地为病人进行早期分诊。该工具用法简单，几乎无使用成本，同时也提供了英文版助力全球（尤其是医疗资源紧张的地区）战疫。

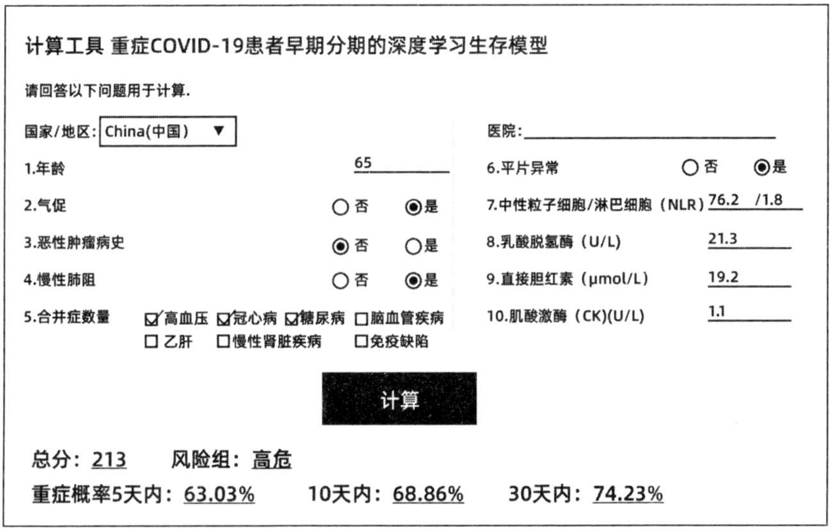

图3-2　COVID重症概率计算工具界面

3. 制造领域

人工智能可以助力生产制造优化，有效减少重复劳动，实现智能制造。

一是智能质检。利用计算机视觉进行产品缺陷检测，降低人工成本，提升产品品质。二是设备运行管理。人工智能可以基于特征分析和机器学习技术进行设备故障预测和全生命周期管理，实现预测性维修，保证设备始终处于可靠受控的状态，大幅降低维护保养费用。三是参与性能优化。人工智能能够结合专家经验及智能分析技术，充分挖掘设备运行数据背后的规律，优化工艺生产参数，提升生产效能。中国商飞是我国民用飞机产业化的主要载体。腾讯和商飞一起打造出了复合材料检测领域的"AlphaGo"。以往一个飞机核心部件，比如尾翼的复材检测，需要耗费几个老师傅、数十小时、几十万元的成本。现在，通过腾讯AI辅助检测系统，检测过程更加自动化，只需要一个普通的检测人员，花几分钟时间就能完成。检测的样品，也从30多个降低到2个。同时，通过这个系统，还可以检测出人眼无法发现的细微缺陷，整体检出率提升到99%。

（四）政策引导促进人工智能产业发展

2017年，我国相继发布《新一代人工智能发展规划》《促进新一代人工智能产业发展三年行动计划(2018—2020年)》，制定了到2030年我国人工智能"三步走"的战略目标。

2018年，中共中央总书记习近平在中共中央政治局第九次集体学习时进一步强调，人工智能是引领这一轮科技革命和产业变革的战略性技术，具有溢出带动性很强的"头雁"效应。各级政府都积极推出相关政策以促进人工智能发展，如北京、广东、上海等地。国内诸多高校也正在加快人工智能学科的设立。2017年，我国已有71所高校设置了86个人工智能二级学科或交叉学科，在2018年有57个人工智能相关项目入选首批"新工科"研究与实践项目。

国际咨询公司埃森哲研究了人工智能对12个发达经济体产生的影响，预测到2035年，人工智能对经济总量增加值的额外贡献最高接近40%，可使年度经济增长率提高一倍，并有潜力将中国的劳动力生产率提升27%，同时推动中国经济预期增长率提升1.6%。

二、人工智能的基础设施

（一）人工智能的"燃料"——数据

数据是未来企业竞争的核心要素之一，是一种战略性资源，也是推动所有企业实现转型升级的基础。数据对于人工智能的发展至关重要，海量数据可以为人工智能发展提供"燃料"。数据集规模和丰富度于一体，对算法训练尤为重要。2000年后，得益于互联网、社交媒体、移动设备和传感器的普及，全球产生及存储的数据量剧增。

基础设施产生的数据是以指数级趋势快速上涨的。数据的快速增长一方面归结于互联网的发展，另外一方面是由于移动互联网的普及。而将来物联网传感器很可能会遍布城市的各个角落，这一系列数据也可以使人工智能的能力得以提高。

训练深度学习模型的基础是不断向其"投喂"海量的数据。数据"喂"得更多、"喂"得更快，模型就练得更好、更强大。从研究分析的角度，也印证了这一观点，即数据量越大，机器学习就会越来越准确；而机器学习越来越准确，也说明了人工智能的能力越来越强。

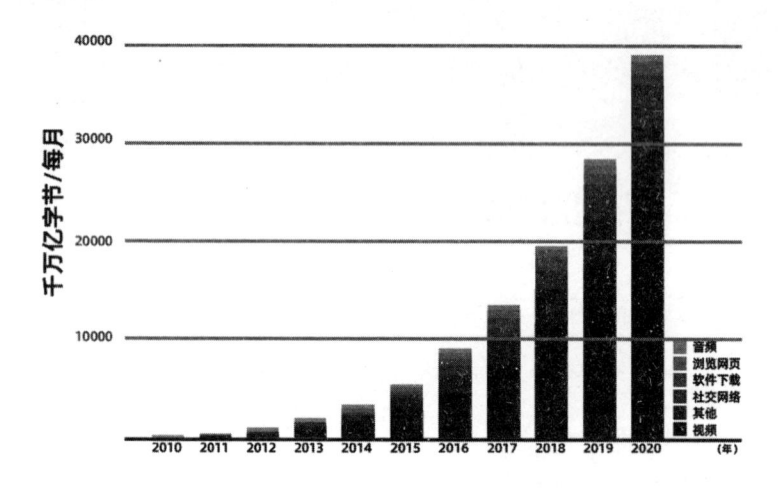

图3-3　2010—2022年全球移动数据流量关系

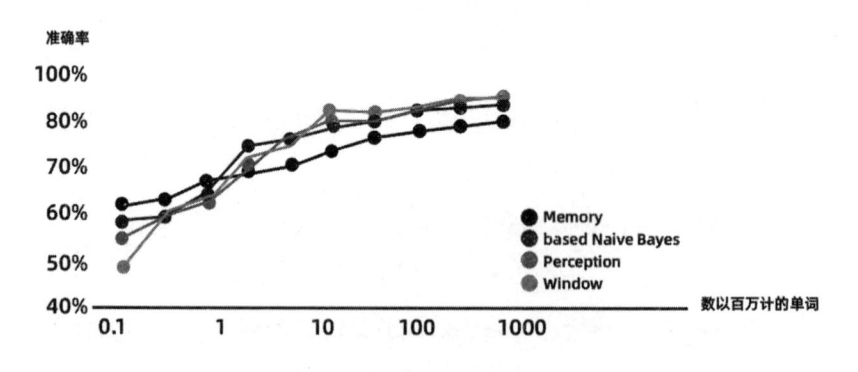

图3-4　数据量与模型效果之间的关系

（二）人工智能的"发动机"——算力

人工智能的另一个基础设施就是运算能力。从传统来讲，运算能力是从CPU开始的，CPU擅长处理/控制复杂的流程，计算能力强大，灵活性很高，但是功耗比较高。

GPU擅长简单的并行计算，在深度学习中有非常大的作用，但是GPU的功耗依旧很大。现在很多研究人员聚焦在开发FPGA以及更低层的ASIC。FPGA可以重复编程、功耗比较低。ASIC功耗也较低，但是灵活性差、研发成本高，任务不可更改。

AI芯片的不断推陈出新显著提升了数据处理速度和能力，尤其是在处理海量数据时，要比传统的CPU优势明显。

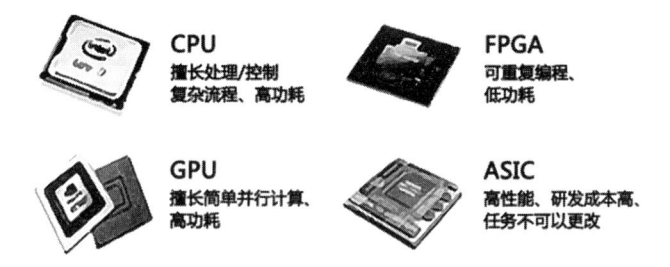

图3-5 人工智能领域应用的不同芯片

（三）人工智能的"大脑"——算法

人工智能实际上是一个算法理论与工程实践密切结合的领域。半个多世纪以来，人工智能的发展历程几经沉浮，回顾其高速发展的时期，均离不开基础研究的突破性进展。尤其是20世纪80年代以来，在人工智能高潮的掀起中，算法起了重要的作用。

人工智能
能够感知，推理，行动和适应的程序

机器学习
能够随着数据的增加不断改进性能的算法

深度学习
机器学习的一个子集：利用多层神经网络从大量数据中进行学习

图3-6 人工智能算法

2020年2月，腾讯AI Lab的"码农"们尝试在辽宁的温室进行远程种植番茄的实验，这次真的是程序员做农民了。虽然碰上倒春寒，但是实验组通过AI算法，做到了实时温度调整。实验结束时，实验组每亩可以增收几千块钱的净利润。腾讯还与荷兰的大学联合举办了温室种植大赛，五个复赛队的AI种植组收成都超过有20年种植经验的农业专家组。

AI技术正在深深"嵌入"各行各业，变得无所不在。日益完善的新基建和产业互联网,将为各行各业带来新增量,为经济发展带来新增长。

三、机器学习

机器学习就是希望计算机的算法能够像人一样,从数据中找出信息,从而学习到其中的一些规律。最近备受关注的深度学习就是机器学习的一种,它能利用深度的神经网络把模型做得更复杂,使模型对数据的理解更深,更加智能。

机器学习可以分为三个内容。

一是监督学习。监督学习并不是指有人站在机器旁边监督机器工作,而是选择一个适合目标任务的数学模型,先把一部分已知的"问题和答案"交给机器去学习,机器总结出了自己的"方法论"之后,人们会把新的问题给到机器,让它去解答。举个例子,孩子在小的时候并不知道什么是手机,手机这个概念就是被输入到孩子大脑里的数据;家长根据他们的经验告诉孩子如何认识手机,这就是让孩子通过模型来进行判断和分类;之后孩子们根据这些数据分类模型,就可以自己判断哪些是手机了。

二是无监督学习。无监督学习是给定数据,让机器从数据中发现信息的规律。通俗来说,无监督学习就是从信息出发,让机器自动寻找规律,让机器把信息分成各种各样的类别。因此,无监督学习和监督学习的不同之处在于，无监督学习实现了在没有任何训练样本的情况下，机器可以对数据进行建模。

判断一个项目是否属于监督学习，关键在于输入的数据是否有标签。有标识的就是监督学习，没有标识的就是无监督学习。在实际生活中，有标识的数据并不多，而且数据标识需要大量的人工工作量，非常困难。我们在用手机软件浏览过新闻内容之后，软件经常会推送类似新闻的相关内容给我们；或者当我们浏览过母婴产品之后，就会经常收到同类母婴产品的推荐。这些都是无监督学习在现实生活中的应用。

三是强化学习。强化学习是一种可以用来支持人们做决策和规划的学习方式。它并非给物体打标签，而是对观察到的一些动作或者行为产生反馈，通过这个反馈机制来学习。因此，强化学习和人类学习的过程更加接近，是当前业内研究的重要方向。它有很多的可应用场景，比如在无人驾驶方面，强化学习可以帮助系统更好、更快地处理突发情况，保护乘客和车辆的安全。

四、人工智能驱动层次

人工智能的驱动层次主要分为五个方面。

第一层也是最核心的是基础设施层，主要包含数据。网络中产生的数据越来越多，这将推动人工智能的能力越来越强。当然，数据越来越多，就需要计算能力也能够跟得上，所以我们现在的硬件计算能力和服务器等一系列联网和分布式系统、GPU等设备都是支撑机器学习等人工智能技术的非常重要的基础。

在基础设施之上就是非常关键的第二层——算法层。算法，比如卷积神经网络、序列学习、深度学习算法等，这些算法主要研究的问题就是如何找到新的算法来解决新的问题。

有了基础设施和算法的加持，就可以在技术方向和领域进一步划分为第三层，也就是技术方向层。

第三层主要包括以下几个方面。

一是计算机视觉。简单而言，就是人类怎么看东西，也希望机器如何看东西。不同的是，人工智能是用摄影机和电脑代替人的眼睛来对目标进行识别，这里面包括图像识别、图像理解和视频识别等内容。计算机视觉在最近几年得到了快速的发展，尤其是在2015年，基于深度学习的计算机视觉算法在识别准确率上首次超过了人类。目前，计算机视觉已经广泛应用在自动驾驶、智能安防、医疗图像诊断、图像识别、翻译等诸多领域。

二是自然语言处理。为了认识人们是怎么通过自然语言来思考和解决问题的，计算机也需要对问题进行理解。自然语言处理包括自然语言理解和自然语言生成。自然语言理解就是让计算机把输入的语言变成有含义的符号和关系，然后根据目的来处理。自然语言生成则是把计算机数据转化为自然语言，从而实现人机之间的交流。

三是语音工程。语音工程相当于听觉工程。人们希望人工智能可以识别出不同的语音,理解人说话的含义,而且能够合成不同的语音。

另外,在技术方向上,还包含了规划决策系统、大数据/统计分析系统等。

在技术层之上就是第四层——技术应用层,我们经常使用的音视频识别、机器翻译、语义理解等都在这一层面。

在人工智能层次的顶端,就是第五层——行业解决方案层。毕竟人工智能的最终目标是帮助人们解决实际问题。比如人工智能在金融上的应用,在医疗上的应用,在互联网上的应用,在交通、安防等一系列的应用。这就是我们所关心的人工智能能够带来的经济社会价值。

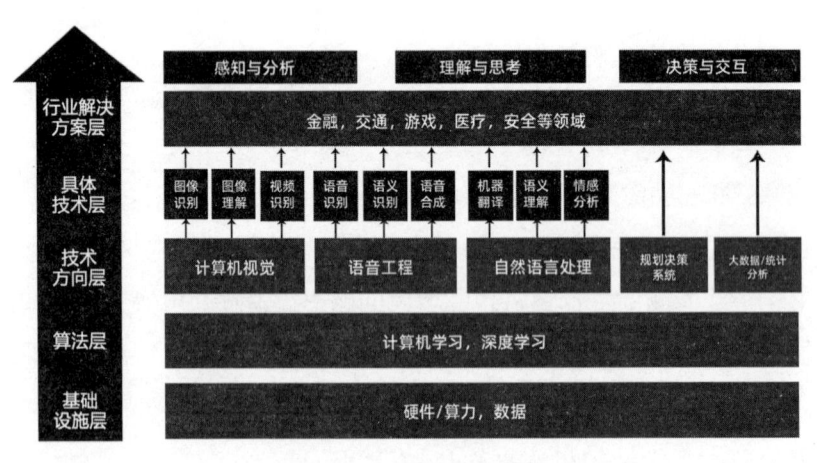

图3-7 人工智能整体架构

五、人工智能有哪些应用场景

人工智能有几个方面的应用场景呢？从视觉和语音上来讲，是感知和分析。在自然语言方面，是理解和思考。再到深层就是决策和交互，由此可以产生价值。

在2000年左右，人们就开始利用机器学习开展应用，包括车牌识别、人脸识别等一系列技术。直到现在，深度学习不需要人工来设计特征，而是用机器来学习特征，因此它的应用场景就更加广泛了，包括自动驾驶、电商营销等。

另外一个比较典型的应用场景就是智能语音。在过去非常早的阶段，智能语音技术的识别系统只能够识别出几个英文单词。2010年之后，深度学习技术爆发式进步，智能语音领域也应用了深度学习技术，让语音识别的准确率大幅提升。苹果公司的Siri就是一个典型案例。以亚马逊的Echo为代表的智能硬件，有望成为下一代语音控制的智能入口。它能够进行实时翻译，用户每说一段话，机器就能够把这段话翻译成另外一种语言。这样一来，人们就可以与使用不同语言的人进行交流。

智能助手也是其中一个应用场景，用户对着装有智能助手的App说一句话，智能助手就能够帮助你完成一些任务。另外，利用语音合成技术还可以模拟一些人来说话。因此，语音已经成为人机交互的一个非常重要的输入方式。比如，微信中的语音输入功能，让只会说话而不会打字的小朋友也能够给爸爸妈妈发微信了。

最近，新一代虚拟歌姬"艾灵"正式宣布出道，并在六一儿童节和雄安小学的小朋友合唱了自己的主打歌。"艾灵"是一个全能型虚拟歌手，不仅能自己写歌词，还能用和真人差不多的声线进行演唱。这背后是计算机视觉、语音合成、视频合成和迁移、自然语言理解等多模态AI能力与技术的融合带来的成果。未来，随着技术的不断成熟，AI"虚拟数字人"也可以用于虚拟助理、虚拟解说、在线教育等领域。

自然语言与音频、视频相比较，难度更大，也更复杂。它不仅需要认知能力的加持，还需要系统对语言有一定的理解。最近几年，自然语言利用浅层和深层学习相结合的方式实现了一系列产品的研发。

在自然语言领域，有一个标杆性的事件。2010年左右，IBM研发了一个叫Watson的自然语言系统。它参加了美国的一个综艺节目，这个节目的主要内容是让Watson系统和人类进行自然语言的知识问答比拼。最终，Watson战胜了人类。这也代表了人工智能，尤其是其在自然语言方面，对于一些知识类的问题是有可能达到甚至超过人类水平的。腾讯云企点客服打造的"智能客服机器人"，一经上线便快速覆盖了泛互联网、能源、交通、金融在内的全行业，通过文本、语音、视频等方式，与客户进行网页、微信公众号、小程序在内的"全触点交互"，并帮助企业构建知识库。现在，企点客服机器人平均可以解答85%的常见问题，为企业节省近七成的人力成本，帮助企业通过个性化服务撬动销售转化，健全客户全生命周期的管理。

规划决策系统也是人工智能的一个重要的应用场景。

决策系统的发展是和棋类游戏是分不开的，早期的决策系统是从西洋跳棋开始研究的，到20世纪80年代的时候，经过不断的改进，它已经能够击败人类的选手；到20世纪90年代，在国际象棋领域，人类又输给了当时的计算机系统，这也是一个标志事件。近年来，围棋领域也被人工智能攻克，决策系统的发展随着棋类的一个个问题被解决而得到了很大的提升，其中又孕育了很多的算法领域的发展。在破解围棋难题之后，多人战术竞技类游戏（MOBA）成为研究AI复杂决策能力的重要场景。2018年，王者荣耀AI"绝悟"通过了人类战队的测试，2019年，"绝悟"达到电竞职业选手水平，目前正在向顶级职业选手水平冲刺。

按照这个趋势，未来小说、电影、动漫和游戏里的人物都很可能跳出具体的作品，像我们现实生活中的朋友一样，跟我们交流情感，帮我们出谋划策。比如，如果在工作中遇到挫折和困难，你除了可以在微信里找朋友吐槽，也许还能找《庆余年》里那个聪明豁达的范闲聊聊天。未来，AI可能会重塑游戏研发、电竞赛事乃至整个数字文化产业。同时，游戏和电竞为AI提供了最理想的试验场。比如，游戏电竞中的"多智能体博弈"，也是智能网联汽车在现实中需要解决的问题。目前，人工智能已经尝试用游戏领域的技术优势为汽车厂商构建了模拟仿真环境，来提升自动驾驶的测试效率和安全性。

另外，决策系统还可以在自动化领域包括量化投资在内的一系列系统上广泛应用。其中也包括金融领域，它可以分析各个股票的行情，还会做量化交易。在零售方面，决策系统可以用于分析客户的喜好，从而进行精准的营销。

六、人工智能面临的挑战

（一）AI技术应用面临的挑战

1. 计算机视觉

经过几十年的发展，计算机视觉已经取得了很大的进步，在人脸识别等一系列问题上，甚至可以比人类做得更好。

计算机视觉所面临的问题，首先是识别效果的持续优化，包括在不同的场景、不同的问题上或自动驾驶车辆上得到更广泛的应用，变得更加鲁棒。例如，当前的驾驶环境中路面上会有多个决策者，包括行人、驾驶机动车的司机等，他们有自己的行为决策，机器无法保证一直对他们的行为做出准确预判。这是计算机视觉下一步研究方向，最终能推动计算机视觉从识别逐渐走向理解，提升决策的准确性。

2. 智能语音

目前，智能语音在特定的场景下，尤其是安静的环境下，已经能够达到和人类相同的水平，但在噪声情况下还有一些障碍，包括远场识别、口语方言等长尾内容。在实际运用时，智能语音也会根据不同的计算能力的增强,包括数据量的增强、算法的提升等,针对这些问题进行解决。按照目前的发展趋势,智能语音能够在下个5年、10年得到更大的提升。

3. 自然语言处理

相对于语音和视觉来讲,自然语言处理的进步相对较小,只在极个别的情况下可以做到和人类类似。比如前面提到过的IBM的Watson,因为机器有更强的记忆能力,可以记住很多的知识,而人未必记得住,所以从这种角度来讲,机器会有一些优势。但是机器在对语言的理解上和人类依然有比较大的差距,比如它们对口语或不规范的用语的识别和认知还是很不清晰的。

其中有一个非常大挑战是,自然语言处理缺少联想能力。比如,当一个人说"这里有一台计算机"时,人类能知道物理世界里的计算机是什么样子的,或者明白它能够干些什么。在这样的情况下,人类很快就会产生这种具化场景的联想。而在自然语言里,机器只把计算机作为一个孤立的词,它不会产生联想,只是通过文本把计算机和其他共同出现的词联系在一起,而不能在物理世界进行联想。

所以要想真正解决自然语言的问题,最需要做的一件事情就是建立从文本到物理世界的映射,这是非常难的,目前还没有行之有效的解决方法。不过,国内已经有一些机构开始了这方面的研究工作,希望能够攻克这个难题。

4. 规划决策系统

目前规划决策系统遇到的难题是程序不通用,只能针对某个具体场景定制化地编写程序，比如当机器学会如何下围棋时，对于象棋领域仍旧一窍不通。当然，这一程序经过改编也可以使机器学会下象棋，但是这需要花费工程师很大的精力才能够真正实现。

另外，规划决策系统的运用还需要大量的模拟数据。如果没有大量的模拟数据，该怎么办呢？所以规划决策系统有两个目标，一个是提升算法能力，另外一个是解决数据不足的问题，或者使机器自动产生模拟数据。以自动驾驶汽车为例，在很多的情况下，自动驾驶汽车都能运行得非常好，但是一旦面临突发事件，规划决策系统也许就无法对它们进行妥善处理，因为系统从来没有见到过这种情况，这是一个严峻的挑战。

规划决策系统面临的第二个挑战是适用场景问题，因为每一个算法都会针对一个具体的问题，所以算法之间并不能通用。这也决定了我们将来所要研究的方向就是通用化。如何产生通用人工智能，或者说如何研究出使人工智能的适用场景更广泛的方法，而且是建立在只用数据而不依赖于场景的基础上，这是当下一些研究机构的热门研究方向。虽然目前在这方面的研究还处于起步阶段，但这必定是将来非常重要的一个方向。

以上一系列的问题都是人工智能下一步需要解决的。比如现在也有方法能够使人工智能具有一定的创造力，包括其通用性，特别是对物理世界的理解方面。但是，这个领域才刚刚开始研究，也许再通过10年、20年的努力，我们能够把这个问题做得更好。只有把这些问题解决了，才有可能创造出更类似于人的，就像我们在电影看到的机器人，才能对问题有更好的理解。

同时，我们也应该意识到，人工智能在下一阶段不仅有非常广阔的应用前景，也会面临很多风险和挑战。

（二）AI产业面临安全风险

1. AI 开放性不足，算力成本高

当前，全球人工智能技术研究的开放程度较低。根据2020年英国剑桥大学发布的《AI全景报告》统计，仅有15%的AI论文中会公布源代码，且自2016年以来这一指标基本没有得到提高。研究论文中代码对于人工智能技术的可复制性和技术普及意义重大，没有公布代码的机构中不乏OpenAI、DeepMind等全球知名的人工智能研究机构。

同时，随着自然语言技术的不断进步，深度学习模型的参数数量已经达到千亿级。根据目前的云服务价格，每训练拥有1000个参数的模型平均需要花费1美元，而拥有1750亿个参数的GPT-3模型可能需要花费上千万美元的费用。人工智能模型训练费用高昂已经成为研究人员探索新领域的巨大阻碍。

2. AI 人才竞争加剧

人工智能技术得到全球广泛关注，同时人工智能领域的人才竞争更加激烈。一方面，AI人才加速向企业流动。高等院校一直以来都是人工智能研究的前沿阵地，随着人工智能技术进入普及应用阶段，大量美国人工智能专家、教授离开高校前往科技公司任职。从

2004年到2018年，谷歌、DeepMind、亚马逊、微软从美国知名大学聘请了52位人工智能领域的终身教授。同一时期，美国的卡内基梅隆大学、华盛顿大学、加州大学伯克利分校离职的教授达到38位。值得注意的是，在2004年还没有人工智能领域教授离职，而在2018年这一数字达到了41位。虽然人工智能领域知名教授的离职可为年轻的学术人才提供更多晋升空间，但同时，终身教授离职4~6年后，毕业生创办人工智能相关企业的可能性也会降低4%左右。

另一方面，中国在人工智能领域人才流失严重。根据统计，在美国工作的顶级人工智能研究人员中有27%是在中国完成本科教育的，中国成为美国人工智能人才的最大输送国。根据人工智能国际顶级会议NeurIPS 2019统计，接受的论文作者中有29%是在中国获得本科学位的。从论文来源来看，清华大学、北京大学分别位列第9位和18位。但值得注意的是，在国内接受完本科教育之后，有54%的人工智能领域毕业生选择去美国继续深造，在美国获得博士学位的中国留学生和非美国留学生有近90%选择留在美国工作。

3. 技术攻关有难度

作为人工智能核心之一的算法，"偏见"和"黑箱"是普遍存在的问题。训练数据不完全、算法本身设计不健全、技术开发或是与人类交互过程中存在偏见观念等问题因素，误导或投射到算法输出结果中，使之带有歧视性，即为"算法偏见"（Algorithm of Prejudice）。算法在数字内容领域的应用风险之一体现为算法推荐

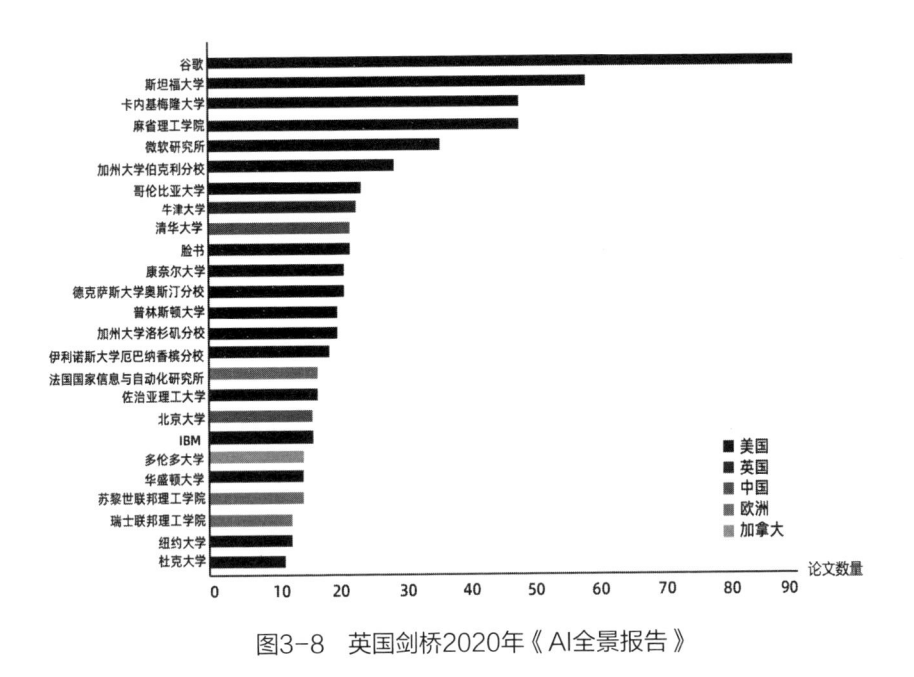

图3-8　英国剑桥2020年《AI全景报告》

的歧视结果，这会导致用户接收不公正、片面加强或偏差的信息。比如，据非营利组织ProPublica研究透露，亚马逊公司购物推荐系统一直偏袒自己及合作伙伴的商品，通过隐瞒商品运费来误导消费者，使用户在购物比价服务中得到错误的比价结果。

目前，大型科技公司对人脸识别技术的使用开始表现出较为谨慎的态度。IBM宣布放弃人脸识别技术和相关产品的研发。亚马逊宣布一年内暂停为警方提供其面部识别工具。微软删除其1000万张人脸数据库。如何在人工智能技术应用和保护个人隐私方面达成平衡，仍是各国科技企业关注的焦点。

"算法黑箱"（Algorithm Black-Box）或算法不透明等问题的产生既有商业机密保护的原因，也有因技术门槛高导致普通用户难以理解算法的情况，同时还存在由于算法模型依赖的组件、模块和数据库过于复杂，而导致开发人员也很难说清楚每个决策的影响因子和判定依据的情况。

算法在数字内容产业各环节的普遍应用，不可避免地会遭遇算法黑箱风险。一方面表现为公众难以或无法理解内容生产、推送和传播背后的流程逻辑，无从对推荐内容做出反馈和干预，甚至对推荐内容产生反感、质疑情绪；另一方面，受决策不可解释的局限，政府部门针对算法输出的错误结果归因问责困难，从而采取更加严苛的数字内容监管措施。

4."信息茧房"循环强化

算法主导下的内容分发模式会放大和加强被标签化的信息输出和推送，由此引发"自我封闭"的危险。"信息茧房"（Information Cocoons）并非人工智能时代的产物，但在算法的助推下，传播中"回音室效应"将被放大，人们极易过滤和忽视那些自己不熟悉、不喜欢、不认同的信息，只会看到和听到自己希望看到和听到的内容，在不知不觉地长期重复和自我证实中塑造出桎梏自身观念的"茧房"。

一旦身处其中，就再难接受异质化的信息和不同的观点，甚至在不同群体、代际间竖起阻碍沟通的"高墙"。拥有相同观念的人们在各类议题热点下逐渐聚集，不断强化对所处社群观念的认知，加速网络社群的"部落化",甚至最终走向不同社群间观念极化对立和舆论失衡的极端。

5. 深度伪造威胁国家社会稳定

事实上,人工智能生成内容取得显著进步的同时,也为滥用或恶意利用人工智能进行内容造假提供了温床,以炮制虚假新闻(Fake News)和深度伪造(Deepfake)为典型风险。政治或经济利益驱动下的内容造假,无论是大范围地广泛传播,还是针对特定人群的精准推送,都将降低数字内容质量,破坏信息传播秩序,误导用户判断,甚至催生或煽动社会极化情绪,诱发各种社会问题。

恶意利用人工智能技术炮制虚假新闻,将会威胁新闻真实性和中立性。路透研究院发布的2019年全球新闻行业报告显示,公众对新闻的总体信任程度下降至42%,过半数受访者忧虑自己对网络上真假新闻的鉴别能力,32%的人表示他们因此正在主动拒绝阅读新闻。麻省理工学院传媒实验室针对虚假新闻在Twitter上的传播情况展开了长达12年的调查研究,研究表明虚假新闻往往更具惊奇性和爆炸性,因此传播得更远、更快、更广,其传播速度是真实信息的6倍。

虽然人工智能领域仍面临诸多挑战,但数字技术将激发新一代年轻人的聪明才智,产业互联网注定会为"数字原住民"带来梦想的舞台。AI不但改变着人与机器的关系,而且也会带来人与人关系的调整。它是我们经济社会发展中最大的变量。新一代年轻人既要掌握科技力量,更要思考文化伦理价值,两者同等重要,从而有效推动人工智能技术的应用和落地。

第四章

芯片之心

一、全球芯片发展现状

芯片对于科技产品而言，如同人的大脑，汽车的发动机。没有大脑，人就成了植物人；没有发动机，汽车就是一堆废铁。因此，芯片的重要性不言而喻。大到前不久发射成功的长征五号运载火箭，小到我们佩戴的智能手表，抛开华丽的外观，其实它们里面都有着各式各样的芯片在工作。

从宏观上说，各个国家发力研究芯片，实际上是在打造新一轮经济发展的"基础设施"，谁的"基础设施"更加完善，谁就能最大限度获得经济增长的红利。根据美国半导体工业协会的预测，每增加1美元的半导体科研经费，可以使GDP提高16.5美元。

（一）全球半导体产业格局

世界半导体贸易统计组织（WSTS）的数据显示，2019年全球半导体营收达到4123亿美元，预计将在2020年年底达到4330亿美元，在2021年达到4600亿美元。从具体用户需求来看，通信、计算机、消费电子、汽车、工业和政府部门成为主要消费领域。通信和计算机的市场价值均超过1000亿美元，分别达到1360亿和1173亿美元，处于第一梯队。消费电子、汽车和工业占比处于第二梯队，分别达到547亿美元、502亿美元、489亿美元。未来，AI、量子计算、5G、物联网和智慧城市等新兴应用将是全球半导体增长的新动力。

用户最终使用领域	通信	计算机	消费电子	汽车	工业	政府部门
年增长速率	-10.5	-18.7	-5.2	-6.9	-13.0	13.0
市场总价值（亿美元）	1360	1173	547	502	489	52

图4-1　2019年全球半导体营收情况

这其中，美国半导体公司营收占比达到47%，位居世界第一，其次是韩国、日本、欧洲各国，占比分别为19%、10%、10%。中国

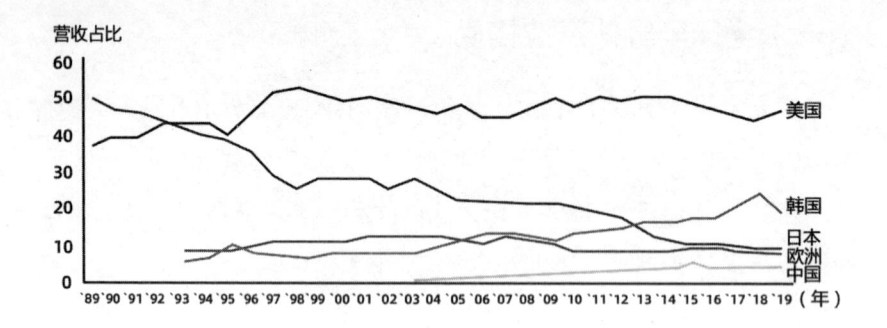

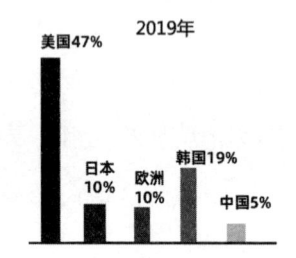

图4-2 各个国家/地区的半导体产业份额随时间的变化

（中国数据中不包含港澳台地区数据）

（不包含港澳台地区数据）占比较低，仅为5%[①]。

美国的半导体公司不但占据半导体市场接近一半的份额，在主要的国家和地区的半导体市场中，美国公司还占据了销售市场份额的领导地位。自20世纪90年代以来，美国半导体在全球一直处于领导地位，市场份额接近50%。美国半导体公司始终保持竞争优势的秘诀在于持续在R&D、设计和制造工艺技术方面的巨额投入。巨大的技术研发投入让美国公司赢得技术优势，获得高额利润，从而可

---

① 美国官方报告！揭秘其半导体制霸全球的秘诀.智东西.2020

以拿出更多的资金用于新技术的研发，这一创新模式让美国的半导体产业处于一种良性循环的发展状态，得以保持领先地位。

以2019年为例，美国半导体出口额达到460亿美元，仅次于飞机、石油和汽车，成为美国第四大出口产品。半导体产业为美国直接创造就业岗位超过24万个，间接带动就业超过100万人。

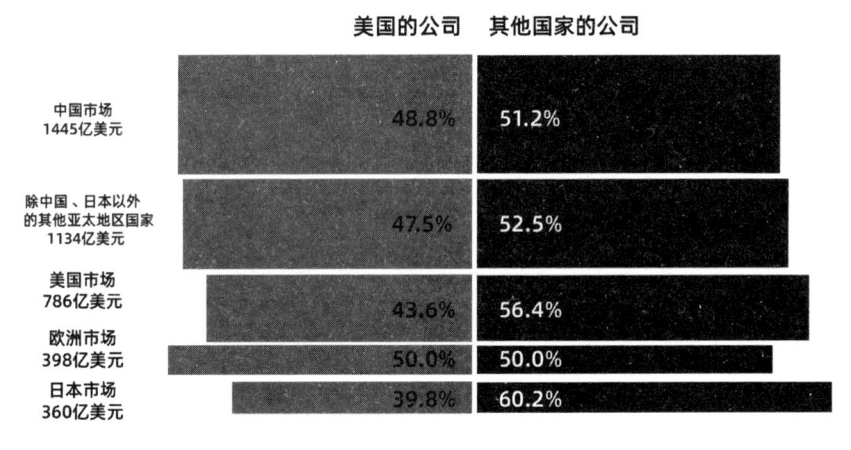

市场	美国的公司	其他国家的公司
中国市场 1445亿美元	48.8%	51.2%
除中国、日本以外的其他亚太地区国家 1134亿美元	47.5%	52.5%
美国市场 786亿美元	43.6%	56.4%
欧洲市场 398亿美元	50.0%	50.0%
日本市场 360亿美元	39.8%	60.2%

图4-3 美国半导体公司占据领先地位

美国半导体产业的研发支出占销售额的百分比，是其他任何国家的半导体产业所无法比拟的。从1999年到2019年，美国半导体的研发投入年复合增长率为6.6%，2019年达到398亿美元。从研发占销售收入的比例来看，美国半导体产业年平均为16.4%，而中国（不包含港澳台地区数据）的比例只占8.3%[1]。在2019年全球半导体的

---

[1] 中国半导体与美国的差距到底有多大.顾正书.EET电子工程专辑.2020.7

资本开支中,美国占比为28%,中国(不包含港澳台地区数据)占比仅为10%,韩国的占比为31%。

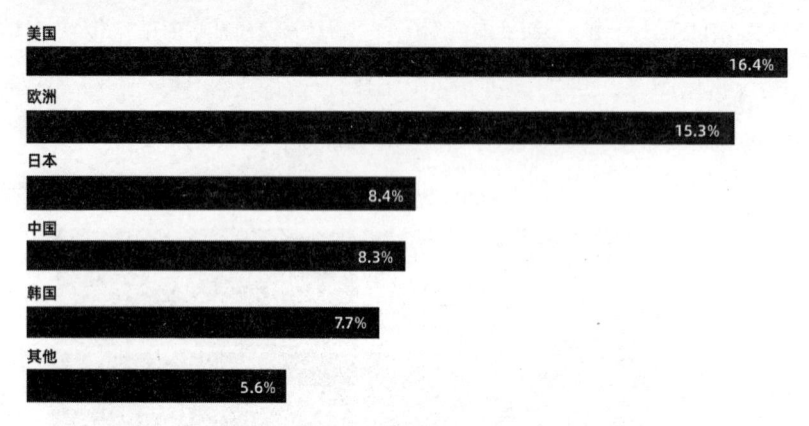

```
美国     16.4%
欧洲     15.3%
日本      8.4%
中国      8.3%
韩国      7.7%
其他      5.6%
```

图4-4　各国/地区半导体研发支出占销售额的百分比排名

(二)我国半导体产业发展情况

中国改革开放40多年来取得了不俗的成绩,从"大国"到"强国"迈进仍需要抓住科技创新的命脉。无论哪家企业抓住了这样的机会,都会成为时代的王者。

在PC时代,英特尔的CPU抓住了家用电脑的普及趋势,联想、戴尔、三星、华硕等电脑品牌可以千变万化,但是英特尔的CPU占据全球市场超过90%的份额,不管什么品牌的电脑,总会看到Intel inside的Logo贴在电脑机箱的最外面,电脑广告最后一幕经常是"当,当当当"的经典声音。

智能手机时代,芯片的重要性更加突出,高通抓住智能手机的浪潮,凭借骁龙手机芯片占据全球接近一半的市场份额,国内的小米、OPPO、vivo的智能手机里安装的都是高通的芯片。芯片占据手机成本的30%~40%,也正因为芯片的使用如此普遍,使得掌握芯片产业的企业具有优势,处于科技创新的最前沿。

如果不发展芯片自研,依旧采用其他国家的产品,我们会有很大的损失吗? 答案是损失会很大,甚至超乎我们的想象。

2019年,中国集成电路累计进口额为3055.5亿美元,累计出口额为1015.78亿美元,贸易逆差达到2039.72亿美元(不包含港澳台地区数据)。这组数据不但超过了当年我国的军费开支,而且高于我国进口石油的2300亿美元的数据。集成电路进口额超过石油进口额的态势已经持续了5年之久。

据IBS统计,2019年中国市场的半导体供应量约有15.81%来自中国本土企业,而84.19%依赖外国公司。很显然,芯片的重要价值比肩石油,甚至比石油还要依赖海外供应。据中国半导体行业协会统计,2019年中国IC设计销售额为3064亿元,全球占比约为10%。封装测试产业营收为2350亿元,全球占比约为20%。

如此大规模地依靠进口,缺少中国自己制造的核心芯片,已经成为整个行业不得不面对的问题。

二、国产芯片的真实水平如何

关于中国芯片的真实水平，其实争议很多。尤其在中美贸易摩擦期间，很多媒体的报道称中国的芯片和国外差距很大。但同时，又有一些媒体在报道芯片的创新企业时指出，某某公司的某种芯片制造能力已经达到全球领先水平。

从整体来看，国内的芯片产业和全球先进水平相比还有较大差距。

那么国产芯片的差距是怎么形成的呢？

事实上，集成电路在20世纪50年代被发明出来之后，国内一直在紧紧追随。1956年，在周恩来总理主持下，政府专门规划了四个急需发展的领域——半导体、计算机、自动化和电子学。但随着特殊历史时期的到来，大量人才流失导致了科研的停滞。而改革开放初期，重市场、轻研发的理念又让芯片行业落后于日本、韩国。进入新世纪后，更有学术造假和腐败问题的打击，让国产芯片成为众矢之的，我国芯片产业一度和国外领先水平相差十几年以上。

也许有人会问，新闻报道中提及的我国一些企业的某某芯片技术领先全球，难道这也是假的吗？不能说是假的。但是，若想完整地理解其中的信息，则需要了解芯片产业的几个重要环节。芯片产业主要包含三个环节，分别是设计、制造和封测。这三个环节缺一不可，任何一个环节出现问题，都会前功尽弃，投进去再多的经费都会打水漂。下面，我们来仔细看看，这三个环节上，都有哪些难以逾越的鸿沟在等着中国的创新者去跨越。

（一）设计是芯片的开端

1. 关于规则

要想设计芯片，就要遵循一定的芯片设计架构，就像玩游戏要遵守游戏规则一样。目前，在芯片设计方面主要有两种架构，一种是英特尔公司的X86架构，主要是针对电脑和服务器的；还有一种是ARM Holding公司提出的ARM架构，主要是针对智能手机的。

因此，在芯片设计领域，游戏规则主要是英特尔和ARM Holding公司制定的。如果想设计出最优的芯片，就必须得到芯片设计的授权，并严格遵守已经制定好的游戏规则。这也就是为什么，中美贸易摩擦的时候，一度传出ARM Holding公司停止给华为授权的消息会引发国内的担忧。

虽然游戏规则被国外把持着，但是国外的高通、谷歌，国内的华为海思、阿里都可以用ARM架构进行芯片的设计，而且效果还很不错。这也是被国内媒体着重报道的芯片领域处于世界领先地位的方面。在中国半导体行业协会集成电路设计分会的统计中，2015年，国内拥有736家芯片设计企业，一年后，翻倍至1362家，目前已经有超过1700家。华为海思就是一家典型的芯片设计企业，也是全球第五大芯片设计企业。此外还有阿里、百度等互联网巨头，以及新型的AI芯片创业企业在芯片设计领域崭露头角。

2. 关于软件

在芯片设计环节，除了要遵守游戏规则外，还需要使用专业的芯片设计EDA软件来进行。EDA软件的市场规模只有100亿美元，但是它托起的是5000亿美元的市场，杠杆力度达到50倍，被称为"电子工业之母"。从最开始仅有几千个晶体管，到拥有超过100亿个晶体管的华为海思处理器芯片，EDA软件成为摩尔定律的忠实维护者。

目前，全球主要的三大EDA软件公司分别是美国的Synopsys、美国Cadence和德国西门子旗下的Mentor Graphics，而Mentor Graphics的总部位于美国俄勒冈州。可以说，三家公司都在美国手中，该领域的市场占据了中国95%的市场份额。

据了解，国内在EDA软件的使用权花费极大，仅华为每年就要交付千万美元的使用费。另外，芯片设计不是一蹴而就的，开发周期短则一年，长则两三年，这是一段几乎没有收入的时间，"烧钱"是所有芯片企业的共性。

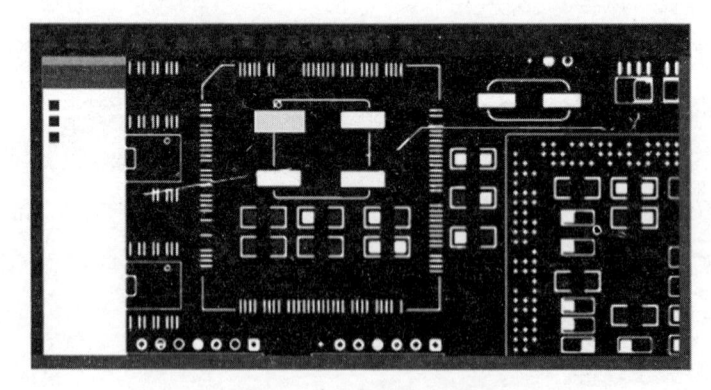

图4-5　EDA软件界面

（二）制造是第二个难题

芯片设计相对于芯片制造来说，可以说是轻量级的。曾经有媒体报道，格力的董明珠要拿出500亿元来造芯片。实际上，500亿元对于芯片设计来讲已经足够多了，但是对于芯片制造而言还是杯水车薪。其中的核心投入就是一系列制造芯片的机器设备，其中以光刻机最为重要。集成电路生产线中，芯片制造有3000多道工序。光刻机的作用就是用光学技术把设计好的芯片电路刻在晶圆上。形象地讲，就是把拍好的照片洗出来。由于每一步都是"硅上雕花"，有一定的失败概率，3000道工序下来，要想让最终的成品合格率大于95%，每一道工序的失败率就必须小于0.001%。为了达到这种效果，最先进的光刻机上有10万个零件（一辆汽车大概是5000个零件）[1]。

同时，随着芯片尺寸越来越小，工艺已经小到7纳米甚至5纳米的级别，光刻机的精度就相当于要在米粒上雕刻出一艘航空母舰一样，还需要分毫不差。可以想象这其中的技术难度和精度要求有多高。光刻工艺是半导体制程中的核心工艺，也是尖端制造水平的代表。

然而，就是这样一个设备，目前全球大部分芯片制造企业只能依赖一家荷兰的公司——阿斯麦（ASML），它占据市场70%以上的份额。以至于光刻机行业的所有标准都是按照ASML的技术标准来制定的，产业链的生产也是以ASML为基准。以2019年为例，阿

---

[1] 史中.我国的光刻机开发的怎么样了.知乎.2020.6.4

斯麦出售了229台光刻机，其中26台是全球最高端的EUV（极紫外线）光刻机，每台售价1.2亿美元。

任何一家芯片制造企业买到了ASML的最新款机器，就可以立刻宣称自己掌握了全球顶尖的芯片制造工艺。为了更快地获得最先进的光刻机，2012年在阿斯麦提出"客户联合投资计划"，也就是邀请客户入股阿斯麦以解ASML自身研发资金压力的时候，英特尔、台积电、三星等全球驰名的半导体公司纷纷响应阿斯麦的号召，出资购买阿斯麦的股份，最终英特尔、台积电、三星分别获得15%、5%和3%的股权。此次"客户联合投资计划"为阿斯麦筹得了53亿欧元，而2012年全年阿斯麦的净销售额仅为47.3亿欧元。当然，除了光刻机外，还有刻蚀机、光刻胶、单晶炉等设备和技术亟待国人攻克。

图4-6　ASML光刻机

虽然芯片制造难度比较大，但是国内还是有中芯国际、华虹等代表性企业。现阶段要求国内的芯片制造企业大幅度盈利显然不是最终目标，主要目的是希望国内的芯片制造企业能够支撑国内芯片产业链的自主化，不仅是实现芯片设计、生产的闭环，同时也为上游国产生产设备厂家提供市场。

（三）封测是最后一个环节

封测主要包括封装和测试，就是把生产出来的芯片进行最终的装配，形成一体化机构的工艺技术。相对于设计和制造来讲，封测的难度不大，国内企业的技术水平足以进入全球第一梯队。

设计、制造、封测，看似只有简单的三个步骤，实际上任何一步没有数十年的积累根本无法攻克。因为芯片行业是公认的资本、技术和人才密集型产业。仅仅一个光刻机也是西方发达国家无数寡头和财团用经费鼎力支持"烧"出来的。在这个行业，细节是"魔鬼"，但是你还必须要和它"为舞"，否则一步错、步步错，生产出来的就会是一块无用的"石头"。

目前，中国12英寸硅晶片基本依赖进口，无法自主生产。半导体芯片制造涉及19种必需的材料，大多数材料具有极高的技术壁垒。日本在半导体材料领域长期保持着绝对的优势，硅晶圆、化合物半导体晶圆、光罩、光刻胶、靶材料等14种重要材料占了全球50%以上的份额。像光刻胶这样的材料，有效期仅为3个月，中国企业想囤货都不行[①]。

---

① 骆军委.比"两弹一星"更难？一文读懂中国半导体8大困境.科学网.2020.7

因此，国内芯片产业的落后实际上主要在制造上，核心技术的发展要考虑历史的进程，更要靠自我奋斗，因为核心技术用市场根本换不来，用钱也买不来。

三、能造出"两弹一星"为何在芯片上犯难

可能会有人感到疑惑，我们不是制造业大国吗？特斯拉从宣布在上海建厂到第一批车辆下线仅仅用了一年时间，为什么在芯片领域会有如此大差距呢？可以说，半导体领域想拓展新的市场，失败的概率极大，不是投入资金就一定能成功。事实上，半导体市场有着极为特殊的性质。一方面，它需要企业在半导体领域有长期的积累；另一方面，随着技术的进步和迭代，半导体技术的创新和更迭速度还在不断加快。

在我们的印象中，集中力量办大事是我们独特的优势，奇迹就是让中国人来创造的，只要我们想做的事情多难都能实现。比如，在困难时期，我们造出了"两弹一星"，即使国家经济非常困难，我们也最终实现了尖端军事科技的突破。但是到了芯片领域，很可惜这套理论不灵验了。"两弹一星"的研制难度不亚于半导体，但是"两弹一星"在研制成功之后，技术的更迭速度相对较慢。而半导体是按照摩尔定律在高速发展的，即单位芯片晶体管个数每18个月增长一倍，这让半导体行业在快速奔跑的道路上一刻都不能停歇。这也使得落后选手若想超越领跑选手难上加难。

这里面有三个特殊点,成为中国芯片发展历程中的"拦路虎"。

第一是逝去的时间该如何追回。当中国在20世纪60年代研发出第一块集成电路的时候,仅比美国落后几年而已。而此时的日本、韩国根本没有像样的集成电路产业。但是,此后国外芯片技术的创新步伐突飞猛进,先是日本在美国的扶持下形成半导体"政产学研用"模式,芯片产业异军突起,甚至一度超越了美国。巅峰时期,全球前10大半导体公司有6家是日本的。韩国也紧追不放,借助美国打压日本的历史契机快速发展,原来只是做商贸、生产面粉的三星公司一跃成为世界知名芯片生产企业。到了1983年,一份由我国半导体与集成技术专业学会发布的报告上明确指出,我们国家的芯片产业和美国、日本的差距已经有15年左右。

改革开放时期,我国虽然引进了大量海外的先进技术,但是人们面对空前的开放形势,更加关心的是物质生活的提升。毕竟能够挣钱的地方太多了,各种跟生活息息相关的行业亟待发展,比如家用电器、工业等。反倒是需要大量时间、资金投入,见效慢的芯片产业受到冷落,自主研发逐渐被引进购买所替代。国内"缺芯少魂"的情况越来越严重。

到了近些年,国内企业终于意识到芯片技术水平的国内外差距非常大,"弯道超车"甚至"造道超车"的概念开始被提出来。不过,十几年的差距想在一两个重大项目中用2~3年的时间结题验收,显然并不现实。数十年经验才能培育出来的芯片行业有着一整套严格流程,是国内企业绕不过去的坎。逝去的时间,想靠几年时间追回来是不现实的。浮躁的社会氛围和需要数十年打磨一块芯片的韧性形成强烈反差。

即使是全球知名的科技公司，如果没有在半导体领域有长期的积累，想拓展市场也是难上加难。2015年，作为智能手机芯片领域的霸主，高通公司试图向服务器芯片领域进军，但是不到3年时间就偃旗息鼓，不再试图拓展新市场，而是继续聚焦智能终端领域。同样地，2010年起，英特尔也想在智能手机芯片领域冲击高通的领导地位，但是经过10年的艰苦努力，最终黯然退出市场，于2020年把相关专利全部转卖给了苹果公司。

第二是在成为"印钞机"之前，必须是一台"碎币机"。很少有哪个行业像芯片产业这样，需要大规模资金的投入，而且需要长期循环投入，可谓是典型的"碎币机"。比如前面提到的芯片制造环节，如果要投资现在主流的14纳米或者7纳米生产线，至少要几百亿元人民币，这还不包括每年高昂的维护费用和其他关联设备的费用。

为了推动国内芯片产业的快速发展，我国成立了集成电路基金，一期资金在5年内达到了1400亿元，尽管金额很高，但是平摊到每一年还不到300亿元，且这300亿元也不是只供给一家企业使用的，所以还是杯水车薪。

与此同时，世界上顶级的芯片制造企业——三星和台积电，7纳米的生产线投资额都超过了1400亿元人民币。这也意味着，芯片制造企业每年都需要把大量赚到的钱掏出来进行技术升级和生产线投资。因此当行业内的芯片制造工艺达到7纳米的时候，全球只有英特尔、三星、台积电三家企业还在投资研发，而飞思卡尔、格罗方德、恩智浦等企业都已经放弃。

表4-1 2016年研发支出大于10亿美元的全球半导体公司

2016年排名	公司	研发支出/亿美元	研发/销售比	研发支出环比上涨
1	英特尔	127.40	22.4%	5%
2	高通	51.09	33.1%	−7%
3	博通	31.88	20.5%	−4%
4	三星	28.81	6.5%	11%
5	东芝	27.77	27.6%	−5%
6	台积电	22.15	7.5%	7%
7	联发科	17.30	20.2%	13%
8	美光	16.81	11.1%	5%
9	恩智浦	15.60	16.4%	−6%
10	海力士	15.14	10.2%	9%
前十总和		353.95		
11	英伟达	14.63	22.0%	10%
12	德州仪器	13.70	11.0%	7%
13	意法	13.36	19.3%	−6%

（资料来源：半导体市场咨询机构 IC Insight）

所以，当国内有地方政府问芯片专家，投资50亿元人民币是否能进行芯片产业培育的时候，专家只能委婉地告诉对方，即使加个零，恐怕也不够。

当然，巨额投资的目标是希望得到巨额回报，由于产业投资巨大、利润高的特点，只要能够持续不断地高额投资下去，"碎币机"也可以成为"印钞机"。不过要想能够打造自己的"印钞机"，必须是业内的前三名才有机会。芯片产业的马太效应更加明显，行业第一的企业赚走了绝大部分利润，排名第二的企业只能勉强度日，第三名就只剩下苟延残喘的份儿了。

第三是技术创新造就赢家通吃的局面。如果说时间上的困难有一定的客观历史因素，那么技术上的困难更让人扼腕叹息。改革开放初期，国内更加注重引进技术设备，认为有了设备就能有芯片制造能力，仅20世纪70年代就引进超过30条国外生产线，但引进之后没有管理运营能力，导致大量设备实际上并没有发挥作用。在这之后，尤其是看到曾经落后的日本、韩国的芯片产业快速发展，中国也开始关注重点项目。1990年8月，国家实施的半导体投资项目（即908工程）开始上马，但是从审批到真正投产用了7年之久，以至于投产就落后国际主流技术5代左右，更不用说和最先进工艺之间的差距。

虽然在之后的国家909工程里终于诞生了一些芯片企业，但国内在技术领域全力追赶的同时，还是遇到了"赢家通吃"难以超越的局面。对于芯片产业来说，新技术变化之快、新工艺投资成本之高是其他行业难以匹敌的。谁先在技术上取得突破，谁就可以利用市面上唯一的先进工艺快速、大量地出货。这样一来不仅可以拥有更高的出货价格，获得更多利润，而且还能够对之前的旧生产线所生产的产品进行价格调整。这一动作就可以成为打压竞争对手的有效武器。比如A公司已经实现了7纳米级别的工艺技术，当竞争对手实现14纳米级别工艺研发的时候，A公司就可以大幅下降14纳米级别工艺产品的价格，从而打击竞争对手，保持自身的领先地位。

改革开放40年来，中国的一切都是以超常规的姿态展示在世人面前的。然而芯片产业却是一个试错成本极高的领域，互联网的小步快跑、快速迭代在这里是行不通的。一旦芯片设计或者制造环节出现了错误，等待的往往是一块带着密密麻麻金属的无用硅片，上百亿资金投进去连个声响都没有，而且相对应的管理和运营模式也需要一步步地规范摸索。这让以"短平快"著称的一些资本变得极度不适应，让看惯了"付出就有回报"这类故事的大众更加疑惑。大环境的"快"和产业特性的"慢"，造就了当前芯片产业发展的主要矛盾。

四、其他国家抓住了芯片发展的哪些优势领域

在前面的内容中，我们似乎很少提到美国，但事实上，美国一直是芯片产业在全球的领导者。这种领导地位不仅仅体现在拥有著名的公司和技术创新上，更意味着能够搭建起整个行业的全球体系。

比如，集成电路的发明就是在美国。日本、韩国能够在当前成为芯片产业的主要玩家，也离不开美国打造的体系和技术支持。在冷战期间，美国就开始对日本进行大量援助，因此日本得以凭借极低廉的价格获得了美国的大量技术授权。同样是美国，为了平衡日本在国际市场上的势力，短短3年时间就对韩国援助超过20亿美元，并且在技术授权方面非常慷慨。

但中国受限于《瓦森纳协定》，大量高新技术被实施禁运，导致大量高端设备、技术和元器件全部无法引进，产业建设更是难上加难。华为曾经联合资本机构收购美国的3Com公司，不仅公司股东反对，美国政府也是反复审查，最终还是失败告终。收购不行，投资也是困难重重，中国的投资机构想收购飞利浦旗下的一家电子公司股权的计划，依然在一次次谈判中"胎死腹中"。2017年，美国出台的《确保美国在半导体行业长期领先地位》的报告中再次指出，要动用国家安全工具应对中国企业的政策，防止中国产生独有的技术。

很显然，在美国打造的这个全球化体系中，中国被排斥在外，并不是体系内的"玩家"。如果说上面提及的内容在某种意义上还存有政治因素，那么在相对单纯的技术领域，依旧有着美国打造的严密全球体系。

前面提到的光刻机生产商ASML，其实也是西方国家集体协作完成的杰作。光刻机最核心的部件是ASML的美国分公司研发的，其他核心零部件也是由瑞士、德国提供，之后在荷兰进行最后的组装。因此，这种高端芯片制造设备非常依赖稳定的全球合作机制，而美国作为这样一种机制体系的搭建者和主导者必然是获利最多的一方。

对于全球竞争来说，如果加快技术创新是初级段位的话，那么构建掌握在自己手中的全球产业体系才是高阶段位的玩法。毕竟，没有哪个国家能够把所有的先进技术全部掌握，这需要全球化分工体系和国家人才支撑。因此，大国需要做的就是主导构建一个强大的国际体系。一方面，让国际体系中的优秀人才为我所用；另一方面，通过技术的封锁和市场的控制保持竞争优势，阻止前来挑战的竞争者。德国和日本零部件做得再好、技术再精湛，如果不能控制市场，制定不了行业标准，最后依旧要被"收割"。

任何产业大到一定程度，都会有一个继续分工和细化的过程，并培育出新的行业龙头。台积电就是这句话最典型的写照。

在台积电诞生前，芯片产业的龙头公司会把设计、制造、封测这三项工作全部自己完成。设计需要大量人才、制造需要大量资金，芯片产业在当时成为一个智力与资金双密集的产业，是巨头垄断的高门槛领域。但这种"一条龙"模式不足的地方就是，很容易出现"虎头蛇尾"的情况，设计人员好不容易完成了芯片设计，之后还要花大量精力去完成生产，所以当时世界范围内半导体产业发展速度很慢，以至于还会有连锁反应影响客户体验。

台积电开创了代工模式，也就是在传统半导体厂中把制造和封测环节拆分出来，只专注于生产和封测，让其他专注设计的企业做好设计工作。整个芯片产业早就受够了又要设计又要建厂，还要不停地更新生产线的情况。台积电只从事制造工作，不涉足芯片设计，其实是降低了其他企业进入芯片领域的门槛，使整个芯片产业得以更加繁荣。"专业造芯"改变了过去几千人的大团队，让仅有几十个人的初创公司也能开展芯片设计。

五、中国在芯片领域有哪些新机会

言至于此，读者可能会觉得国内芯片产业的发展前景不太乐观，从芯片设计需要用的EDA软件、制造用的光刻机设备以及芯片原材料，全都处于"卡脖子"的状态。

事实上，这是一场漫长的竞争。既然是竞争，就不会有永远的王者。历史上，每一代芯片巨头和新兴地区的出现，都伴随着智能终端的变化和技术的革新。如果说传统的芯片领域已经被三星、英特尔、台积电垄断，那么AI和5G将是中国创新者的新机会。因为旧的领域终究会走向末路，新的领域里，大家基本上在同一条起跑线上，差距不大，谁都有机会。

比如，摩尔定律引领芯片技术发展了几十年，如果继续有效的话，对于中国的企业只有永无止境的追赶。但是随着集成电路上可以容纳的晶体管逐渐接近理论值，摩尔定律终将走向破灭。而新诞生的AI芯片以及未来的量子计算就成为新的希望和可能。

（一）AI芯片

　　AI芯片概念发展数年来，基本被分成了两类，一类是用于云端服务器的芯片，一类是用于终端的AI芯片。两者对比，云端芯片的门槛更高，无论是对半导体工艺、封装技术还是配套软件都有很高的要求，一旦成型，其他企业很难进入，可以形成竞争壁垒。同时，这个领域更为通用，前景更广，是让企业真正有希望成为"中国英伟达"的方向。但云端芯片也需要更多的资金和生态支持，高门槛使得大多数创业公司几乎无望加入。大多国内的AI芯片企业则集中在进入门槛较低的终端AI芯片方面，以研发智能视觉芯片为主，也有一些企业在集中研究智能语音芯片[①]。

　　AI领域对算力有着刚需，早期用于AI运算的芯片是CPU，但是研究人员发现GPU（也就是图像处理器）更适合完成这个任务，比如华为的AI芯片就是希望摄像头能够拍出更好的照片。另外，AI芯片可以用来进行深度学习和训练，以至于谷歌专门打造了一款为机器学习量身定做的处理器芯片。与此同时，AI领域的落地场景非常丰富，细分领域繁多，目前已有的芯片难以提供满足其需求的算力。毕竟过去通用型的芯片并不是为AI量身定做的，只有设计针对算法的强耦合的专用芯片，才能充分发挥出芯片的潜力。同时，随着以5G、AI、数据中心、物联网和量子计算为代表的新基建快速普及，半导体产业将快速增长，国内本土半导体设备和晶圆制造能力

---

① 疯狂过后，AI芯片走下神坛.全天候科技.2020.5.3

也将得到大力发展。适用于不同场景和不同设备的芯片架构，也很有可能从未知领域不断诞生。全球市场洞察公司的最新报告显示，在2019年，AI芯片市场规模约为80亿美元，预计到2026年，将增长至700亿美元。

（二）开源架构

在芯片领域，还有一个重大趋势就是开源。目前已经有了"没有国籍"的芯片设计开源架构，例如，美国加州大学伯克利分校设计的RISC-V开源架构。

开源意味着，它不再是某个国家或者企业所独有的，而是全球所有专业人士在对这个架构贡献智慧，代码也是完全公开的。RISC-V开源架构的处理器原型在2013年问世，2019年阿里巴巴旗下的"平头哥"推出了第一款基于RISC-V开源架构的芯片——玄铁910。虽然玄铁910目前只能用在物联网等设备上，还难以作为手机芯片或者服务器芯片，但RISC-V开源架构的出现和应用，让芯片产业的格局正在发生新的变化。

（三）奋起直追的中国企业

虽然最先进的光刻机技术一直在外国人手中掌握，但国内并非一片空白。中国先进的光刻机生产商——上海微电子装备公司，目前该公司可以做到最精密的加工制程是90纳米。90纳米虽然和ASML的7纳米、5纳米还有很大差距，水平也仅仅相当于2004年最新款的英特尔奔腾四处理器，但是90纳米制程的能力，已经足够驱动基础的工业甚至是国防。这也意味着，即使全世界都和中国决裂，中国人还是有芯片可以使用的。同时，2019年，全球有6座新建的晶圆厂，其中有4家在中国境内。

随着我国集成电路产业的快速发展，相关企业知识产权保护意识和能力普遍增强，越来越多的创新主体运用集成电路布图设计保护制度保护自己的创新成果。2020年上半年，我国集成电路布图设计登记申请5176件，同比增长78.2%。提交申请登记企业数量达到2195家，是2019年同期的2.1倍[1]。

（四）基础学科的重要性

如果说前面提到的机遇是战术上的话，那么基础学科才是科技创新真正的力量源泉和长期战略规划。通过基础研究掌握源头科技，随后一步步外溢建立行业领先优势，是各个产业强国的必然选择。我们经常在医院中使用核磁共振设备，其中的超导磁铁就是从美国粒子加速器"Tevartron"的研发中心诞生的[2]。日本与韩国闹矛盾，日本断供韩国半导体材料，直接导致韩国芯片停产。表面上看是日本在半导体材料领域具有领先优势，更深层次的是日本30年来在基础化学领域的巨大投入，以及6个化学诺贝尔奖打下的坚实基础。

---

[1] 张泉.上半年，我国集成电路布图设计登记申请同比增78.2%.人民邮电报.2020.7.10
[2] 陈帅.刘芮.谁扼住了华为：美日半导体霸权的三张牌.远川研究所.2020.8.9

反观我国，我们在基础研究领域与国外还有巨大的差距。2018年，我国基础研发费用支出仅占5%，而同期美国和日本的占比分别为17%和12%。虽然基础学科研究长周期、弱转化、低收入的特点成为主要的发展阻碍，但唯有在基础技术能力上实现创新和突破，才能真正实现强国梦想，才能赢得下一个时代。

从建国初期黄坤、谢希德等人辗转回到中国开展半导体的研究和产业建设，再到后来的创业者奋起直追。只有那些疯狂到认为他们能改变世界的人，才能真正地改变世界。

要想打造真正的"中国芯"，这就是最好的时代。

第五章

卫星互联网——太空中的"拼多多"

在国家发展和改革委员会明确的新基建定义中,卫星互联网首次被纳入新型基础设施的范畴之中,成为新一代信息技术基础设施的重要组成部分。这项重大决策,让航空航天业再次进入大众视野。

一、人造卫星的前世今生

关于发射人造卫星,美国人早在1945年就提出了设想,但是真正发射人类第一颗人造地球卫星的却是苏联。1957年,第一颗人造地球卫星顺利进入太空,至此人类真正开启了航天新纪元。

经过半个多世纪的快速发展,上千颗卫星已经在地球上空为人类的经济社会生活提供服务。统计数据显示,截至2019年9月底,全球在轨卫星已经达到2218颗,其中美国、中国、俄罗斯占比分别为

44.5%、14.4%、7.3%。进入2017年以后，得益于小卫星技术的快速发展，全球每年发射的卫星数量超过350颗，是之前每年发射数量的2.5倍以上。

卫星根据功能的不同，可以分为三类：通信卫星、遥感卫星和导航卫星。截至目前，通信卫星和遥感卫星数量均超过770颗，占比较高。未来随着通信、导航和遥感能力的进一步融合，具有通导摇一体化能力的卫星也将成为新的发展趋势。

随着技术进一步快速普及，卫星行业，尤其是卫星互联网领域出现了更多参与者，互联网公司、初创企业纷纷进军卫星互联网，积极申请轨道位置和频谱资源。根据不完全统计，全球宣布部署卫星互联网的公司超过30家，计划部署卫星数量超过5万颗。如果以上计划均顺利进行并发射成功，那么在未来10年内，全球在轨卫星数量将是现在的20倍以上。

卫星发射正式进入了"拼多多"模式。

二、什么是卫星互联网

顾名思义，卫星通信就是地球上的无线电通信站之间，通过卫星作为"桥梁"，来实现两个或者多个地球站之间的通信。因此，卫星通信主要由卫星和地面站两个部分组成。在通信范围上，卫星通信范围较大，不容易受到陆地自然灾害的影响，可靠性比较高。

目前，根据轨道的高度，卫星可以分为三类：第一类是高度为36000千米的地球静止轨道高通量卫星，基本上常规的通信卫星都是地球静止轨道卫星，三颗这样的卫星就可以覆盖全球。第二类是高度在2000千米～36000千米的地球中轨道卫星，例如，全球第一个成功的中轨道互联网卫星是O3b（Other 3 billion），通过20颗位于赤道上空8000千米的轨道上的卫星，实现了覆盖南北维40度以内的网络信号覆盖。第三类是高度在500千米～2000千米的低轨道互联网星座，低轨道卫星传输时延短、路径损耗少，因此备受关注。埃隆·马斯克的"星链计划"，就是在低轨道部署互联网星座。

三、卫星互联网的发展史

事实上，卫星通信从诞生的第一时间起，就吸引了全世界的目光。卫星互联网在颠覆地面通信、与地面通信互为补充的争论中走过了40多年的历史。总的来看，卫星互联网的发展可以分为三个阶段。

（一）卫星互联网实现从0到1的突破

这一阶段主要是20世纪80年代到21世纪初。

卫星电话从诞生那一刻起，就立下雄心壮志和竞争目标，那就是希望能够和地面电信运营商展开竞争，争夺市场。

比如，著名的"铱星计划"就是摩托罗拉提出来的。摩托罗拉在当年是一个家喻户晓的大型跨国公司，在汽车电子和通信电子领域，可以说处于绝对的垄断地位。如同在通信领域，尤其是5G领域的华为一样成为世界公认的顶级公司。

"铱星计划"的提出，颇具喜剧色彩。1985年，摩托罗拉工程师巴里·柏林格（Bary Bertiger）的妻子在加勒比海度假时抱怨无法用电话联系客户。为此，巴里提出了一个大胆的想法，既然地面上基站建设成本如此之高，为何不把基站搬到天上去，用很多颗卫星组成一张覆盖全球的通信网，实现全球通话呢？

根据巴里和另外两名同事的设想，采用77颗近地卫星，就可以做到这一点。他们还以元素周期表上序数为77的"铱（Iridium）"来命名这套系统。为此，摩托罗拉专门为启动了"铱星计划"项目。虽然后来卫星个数调整为66颗，但是铱星的名称一直沿用了下来。

"铱星计划"在1987年提出，1992年启动，1998年投入使用，计划在780千米的轨道上部署66颗卫星，每颗卫星100分钟左右环绕地球一周，可以给全球各个地方提供电话通信服务，整个项目的投资金额大约为63亿美元。在"铱星计划"正式落地的第一天，美国副总统戈尔在白宫玫瑰园拨通了极具象征意义的铱星电话。为了体现此次通话的历史意义，戈尔将电话打给了当时的美国地理学会主席，他还有一个身份，是电话发明人亚历山大·贝尔的曾孙[①]。

---

① 摩托罗拉的百年沉浮.鲜枣课堂.2019.12.12

不过后来，还没有等到这66颗卫星全部发射部署完成，这个项目就破产了。最终只获得了5万多个用户，这对于投资巨大的"铱星计划"来讲不是个好消息，按照计划，"铱星计划"至少要获得60万以上的用户才能达到收支平衡。

"铱星计划"失败的原因，总结起来有两个。

首先是价格昂贵。铱星的电话需要进行定制，每部电话的售价在2万人民币左右，每分钟通话费用约为20~50元人民币。可以说铱星电话的价格也非常"铱星"，并没有走平民路线。为此，摩托罗拉每个月仅贷款利息就要花费4000万美元。

其次是信号覆盖差。铱星电话信号覆盖情况是可以在室外打电话，但是在室内就难以接收到信号。同时，在20世纪90年代末，互联网开始快速普及，而数据传输能力却是"铱星计划"的一大短板。最终，专门为该计划成立的铱星公司在1999年提出了破产保护，这距离"铱星计划"正式商用还不到一年时间。

后来很多资料显示，如果当年不是因为"铱星计划"造成摩托罗拉高层变动，2003年，摩托罗拉很有可能是会接受华为公司的报价，顺利收购华为。如果当年华为被收购，现在世界通信产业的格局应该是另一个景象。虽然和地面电信运营商的竞争暂时失败，但是"铱星计划"实现了从无到有的突破，这个希望建立一个卫星互联网的梦想并没有走向没落。

（二）绝处逢生的铱星进阶版

2000年到2014年，是卫星互联网发展的第二阶段。

在这个阶段，卫星互联网褪去了初生时的青涩，逐渐找到了自己独有的优势和特长，虽然用户规模和适用范围仍然有限，但是生存下来已经不成问题。

当年的铱星公司破产重组之后，并没有从此消失在公众视野中。相反，重组后的铱星轻装上阵并且一直运行到现在。到2009年6月的时候，铱星卫星电话用户达到了34.7万人。新一代"铱星计划"即"Iridium Next"在2007年被推出，主要是为用户提供互联网数据服务和电话业务。2007年1月，"Iridium NEXT"首批10颗卫星发射成功，从此拉开了第二代铱星系统的部署序幕。2017年，"Iridium NEXT"第二批10颗卫星发射成功。

图5-1 铱星9555卫星电话

此时，第二代铱星的目标已经不是为了和地面电信运营商进行竞争和抗衡，更多的是为电信运营商提供网络容量的补充和备份。同时，为了打出差异化和寻找到自身的生存空间，第二代铱星在海事、森林、航空等特殊领域向用户提供移动通信服务。这些领域由于建设成本、技术等因素的阻碍，是地面通信基站难以覆盖的地方，反而体现出卫星互联网的独特价值和重要性。

如果对铱星感兴趣，消费者们现在仍旧可以在电子商务网站上购买到铱星手机。

（三）发射火箭吗，可回收的那种

2014年到现在，是卫星互联网发展的第三阶段。这个时候，大家耳熟能详的埃隆·马斯克和他的"星链计划"浮出水面。

2020年5月，SpaceX的猎鹰9号火箭搭载60颗Starlink（星链）卫星成功发射。这意味着人类历史上也许是最具争议的卫星互联网计划正式迈出了第一步。而且这次是猎鹰9号火箭第7次成功发射。星链已经成功部署了超过400颗卫星。

猎鹰9号火箭与星链卫星可以说是完美搭配。火箭的研制和发射一直是一个国家竞争力和科技水平的综合体现。一直以来只有美国、俄罗斯、中国等大国能够完成这样一个工程浩大的科研工作。但在传统的火箭研发中，燃料成本只占总成本的2%左右，而且绝大多数火箭都是一次性的，即发射完之后就被扔掉，基本不会进行重复使用。

然而，埃隆·马斯克的SpaceX公司，让火箭研发和发射的门槛大大降低，原来需要整个国家倾力打造的运载火箭工作，让一个私人公司玩出了新意。SpaceX不仅实现了运载火箭可回收的功能，同时其制造成本远低于同类型火箭，但性能却高出很多。

SpaceX成立于2002年，它成功的关键在于打通了产业链各个环节。目前，星链单颗卫星的发射加制造成本仅为153万美元。未来随着二级火箭可以再回收，卫星的轻量化生产预计还能再下降30%以上。从火箭研制、卫星研制到发射服务垂直整合的商业模式，有效提高了卫星研制与发射组网的速度和灵活性。拥有低成本高效率的运载火箭只是第一步，虽然近10年来，SpaceX已经发展成全球最大的火箭发射公司，但世界航天发射市场和载人航天市场并没有想象中那么大，即使它在2018年拿下了全球近一半的订单，收入也仅为20亿美元。按照埃隆·马斯克的说法，SpaceX未来发射收入的峰值每年可能有50亿美元，而来自宽带互联网的收入，每年可以接近300亿美元。

对于SpaceX来说，星链是更加重要的，它将是SpaceX未来最大的盈利点。事实上，星链是SpaceX的一个雄心勃勃的项目，目的是通过数量庞大的近地轨道卫星互相间通信，实现覆盖全球的卫星网络。

由此，SpaceX就能对全球，特别是那些通过光纤或者传统无线基站难以到达的偏远地区用户，提供低成本、高性能的互联网服务。这个项目之所以疯狂，除了项目从设计、建造到部署的时间将至少10年，总成本估计接近100亿美元之外，还因为SpaceX的最终目标是在近地轨道上总共部署42000颗卫星，实现全球无缝覆盖。如此巨大的卫星数量是其他公司的计划中不可能出现的。

42000颗卫星，是什么概念呢？这是迄今为止，人类总共发射过的人造卫星数量（约8200颗）的5.1倍，目前在轨运行的人造卫星数量（2218颗）的18.9倍（截至2019年9月的数据）。按照美国联邦通信委员会的要求，SpaceX必须在2024年年底完成一半数量的部署，并在2027年完成全部部署。

星链卫星具有以下几个特点。

一是更加轻便紧凑。一次发射60颗卫星并不是容易的事情，从公开的信息可以看到，星链卫星总体上呈现扁平化形状，每颗重量仅为227千克。而且其占用空间小，未展开时只有普通办公桌那么大，发射时以自堆叠的设计堆于整流罩中，不需要专用的多星适配器。

二是具有独特的太阳能阵列。星链卫星采用单翼太阳能阵列，有效简化了系统，可以方便未来的量产和发射，标准化的太阳能电池模块可以更容易整合到制造流程中。

三是恒星敏感器的使用。星链卫星使用了龙飞船的同款恒星敏感器，定制的内部导航传感器可以告诉它每颗卫星的姿态，这有助于实现宽带吞吐量的精确定位。

四是可以自动避免碰撞。星链卫星可以利用美国国防部碎片跟踪系统的数据自动执行机动，以避免与空间碎片和其他航天器发生碰撞。此功能可减少人为错误，从而可以更可靠地避免碰撞。

由于星链卫星处于近地轨道，卫星的使用寿命只有5年，之后会用新的卫星进行替代。"寿终正寝"的卫星中有95%的零件会在返回大气层的过程中完全焚毁（后续会提升至100%），以防止卫星残骸或者碎片对地面造成影响。

利用猎鹰9号火箭，每次可以将60颗卫星送入350千米高的初始轨道，然后将整叠的卫星一起放出去。利用自旋转的微小速度差，这叠卫星会在接下来的时间内慢慢"飘"散。等到有足够的安全距离后，各卫星将展开单翼太阳能板，利用离子推进器进入预定的工作轨道。

SpaceX上报美国联邦通信委员会的文件显示，星链最终会向全球任何地点的用户提供至少1Gbps、最大23Gbps的网络接入服务。因为采用低轨道卫星、减少路由站等关键设计，星链卫星的网络时延将大大降低，有望将全球用户的通信时延减少到25毫秒[①]。根据媒体报道，在飞行的C-12运输机上测到了由星链互联网提供的610Mbps的下载速度，这个速度比起"铱星计划"的系统快了非常多。

星链系统全面建成以后将具有全覆盖、高通量和低时延的特点。在地球上几乎任何地点、任何时间，至少有三颗星链卫星在其上空运行，真正做到了宽带互联网遍布世界。当前全球无条件上网或者无法正常上网的近42亿人口，将有望通过"星链计划"实现低价、高速的上网服务。

---

① SpaceX终于出大招，开始布局全球最大最快宽带互联网.腾讯网

那么，星链系统和"铱星计划"有什么不同呢？

第一，从星座几何结构上看，"铱星计划"发射的所有卫星采用同一轨道高度、同一轨道倾角。而星链系统则没有特定构型，可以随用户需求而调整，有多种轨道高度和轨道角度。同时，铱星的运行轨道大约在781千米，而星链系统的轨道采用的是近地轨道，卫星数量需要42000颗。

第二，当时摩托罗拉的铱星卫星很多技术还不成熟，需要克服很多困难，实现很多从0到1的专利突破。20多年后的今天，星链系统采用的是已经成熟的宽带卫星通信技术。集成电路技术的快速进步，大大增强了卫星的数据处理能力，并且有效减少了终端的成本和体积。另外，毫米波、太赫兹、可见光通信技术逐渐成熟，实现了卫星间大带宽直接组网。

除了"星链计划"之外，美国还有"柯伊伯星座计划"，由亚马逊在2020年7月向FCC提出申请，预计到2029年发射3236颗卫星，主要以低轨道星座为主，用来满足偏远地区的上网需求。同年10月份，俄罗斯发射了3颗Gonets-M低轨卫星。欧洲也不甘示弱，为了在战略上寻求独立自主并拉动区域经济社会发展，欧洲提出了"哥白尼计划"（GMES），预计发射20余颗卫星，用来完成环境管理、气候监测等对地观测任务。第五代海事卫星（GX）预计发射456颗卫星，目前已经完成卫星通信网测试飞行，将为全球提供端到端商业Ka波段服务。欧洲咨询公司预测，到2022年，全球在轨卫星通信容量将达到9.6Tbps。

表5-1　全球主要低轨卫星通信公司重要里程碑

公司	SpaceX	One Web	铱星Iridium Next
轨道	LEO	LEO	LEO
高度	550km	1200km	780km
频段	第一期Ku/Ka；第二期Q/V	Ku、Ka	L、Ka
商业模式	垂直整合	轻资产	轻资产
卫星数量	远期规划4.2万颗	650颗	66颗在轨+9颗备份
卫星研制	自研	合资公司研发	外包
卫星承包商	SpaceX	One Web Statellites	Thales Alenia Space
发射	自研	外包	外包
发射承包商	SpaceX	Arianespace及Virgin Galactic	SpaceX
发射方式	一箭60星	一箭6星或34星	一箭10星
进展	已成功发射6批（每批60颗）	已成功发射第2批（6颗+34颗）	已全部完成部署并开启商用

（数据来源：中金公司）

（四）埃隆·马斯克做对了什么

1. NASA 的创新之路

2020年5月31日，SpaceX的猎鹰9号火箭搭载龙飞船升空，将两名宇航员顺利送达国际空间站，完成了全球首次由私人科技公司主导的载人火箭发射任务。

埃隆·马斯克的成功，也让很多人意识到，过去国家级科研机构与科技成果转化的传统模式，以及由此而生的创新成果，并不是技术创新与普及的唯一途径。政府科研部门与私人企业之间的合作，也可以创造出更好的技术研发成果与落地新模式。

例如，猎鹰9号升空的背后，虽然埃隆·马斯克的名字一直被人们津津乐道，但是NASA在其背后的支持也功不可没。早在2010年，NASA就启动了"商业乘员开发"项目，资助了包括SpaceX在内的多家公司来开发载人飞船。资助私人公司进行载人飞船开发，一方面是鼓励更多企业和机构能够进入航空航天领域，进一步激发创新；另一方面NASA也有难言之隐。在2011年，美国最后一架航天飞机"奋进号"退役，近10年来，NASA一直没有本国的航天飞机用来运送宇航员进入太空，只能依赖俄罗斯的联盟号飞船，而且联盟号飞船的价格只增不减，也让NASA颇为头疼。

图5-2 首次乘坐SpaceX龙飞船升入太空的两位宇航员

为此，NASA积极推动"商业乘员开发"计划，分别给SpaceX和波音公司31亿美元和48亿美元，用来开发新的航天器。SpaceX是在2002年成立的，在当时仅成立8年的时间，明显是一个初出茅庐的年轻公司，而波音公司成立于1916年。但是NASA的"散养"方式，却给了SpaceX极大的发展空间。根据NASA的评估，SpaceX载人龙飞船的单座成本是5500万美元，俄罗斯的联盟号飞船成本是8000万美元，波音公司的Starliner为9000万美元。显然NASA作为伯乐这一次是成功的，而且"放手去闯"的理念，比手把手教更值得深入研究。

2. 引发航天产业的摩尔定律

我们普通家用手机、计算机里会有各种半导体芯片，但是和火箭上用到的完全不一样。航天器上的元器件有很高的门槛，毕竟要经历非常苛刻的环境考验，例如要克服高温和低温，在太空中面对太阳的时候温度最高能达到120℃，背离太阳的时候温度骤减，能够降低到-150℃。绕地球一周90分钟，就要经历270℃度的温差，更不要说发射过程中的各种剧烈抖动，这些都是对元器件的考验。

这还不算最要紧的。事实上，电子元器件在太空中会经常受到各种粒子的辐射，这些辐射能够导致电子元器件报错出现问题，这里有一个专业名词叫作"粒子翻转"。

电子元器件编码是用"0"和"1"来组成的，"粒子翻转"的影响就是能把原本是"0"变成"1"，或者是把"1"变成"0"。虽然只是数字的变化，但是带来的错乱却是惊人的。稍有不慎就会让火箭瞬间爆炸，十几秒的时间让几十亿美元的投入化为"空中烟花"。

很显然，SpaceX没有能力使用价格昂贵的宇航级元器件，毕竟一个宇航级元器件的价格从几十万到上百万美元的价格，让一家民营企业负担不起，再加上宇航级元器件的设计研发周期长，不符合埃隆·马斯克的风格。

那么，该如何解决这个问题呢？

首先，宇航级元器件从一开始就不在SpaceX的选择范围内。为了更加高效地完成火箭设计和发射工作，SpaceX选择了英特尔的X86处理器。是的，你没有看错，就是我们家用计算机使用的处理器，甚至你可以在电子商务网站上花钱就可以轻轻松松买一个，买十个也可以。

那么，民用的芯片如何解决刚才提到的"粒子翻转"问题呢？

其实很简单，少数服从多数原则起了决定性作用。既然会出现"粒子翻转"的可能，那么在航天器里多放置一些同样的设备，通过比较，把数据不一致的少数结果排除出去，就能够保证系统的准确性和安全性。

举个例子，SpaceX利用多核芯片进行数据处理和分析。比如，一个系统有3块芯片，18个核做计算，如果其中2个核的数据和其他16个核的数据不相同，那么系统就会让这2个核进行重启，然后把其他16个核的数据拷贝给这2个重启的核，从而让数据保持同步与一致。

对于SpaceX来说，民用芯片的使用不仅能够降低成本，而且也让整个研发工作更加快速和顺利。英特尔X86的程序员要比专业宇航级元器件的程序员多很多，工资也低不少。而且，宇航级元器件需要使用特殊的编程语言，显然不是主流程序员所熟悉的。因此，民用芯片+海量程序员成为SpaceX制胜的关键之一。

另外，程序员使用的还是最爱的C++语言进行编程，以及业内经常使用的LabView图形化编程语言、Matlab仿真系统，而且敏捷开发也成为SpaceX研发过程中的标配。可以说，在任何一家互联网公司经常使用的软件和编程方式，都可以在SpaceX这里无缝衔接。

与其说SpaceX是一家火箭公司，不如说它就是一家典型的互联网公司。

随着半导体技术的不断进步，其工艺的提升不断增加芯片在太空中的抗辐射性能，让原本只能应用在商业和民用的元器件可以在太空中应用，通用的可行性大大提升，同时成本也大幅下降。

这些改变都让航空航天领域开始进入摩尔定律时刻。

图5-3　SpaceX火箭回收

四、卫星互联网要解决的问题

随着我国近几年通信网络的快速覆盖，大多数人都可以随时随地连接到网络当中。目前，陆地移动通信服务的人口覆盖率超过了80%。受制于技术和成本等因素，虽然通信网络覆盖了绝大多数人口，但是从其覆盖的面积来看，通信网络覆盖的近20%的陆地面积，只占地球表面积的6%左右，还有大量的海洋、森林、沙漠等偏远地区难以建设陆地通信基站。在这些地区中，传统基站的建设成本高，而卫星互联网则成为相对经济高效的解决方案。

（一）尚未覆盖地区的通信需求

根据国际电信联盟（ITU）最新统计分析，全球个人用户的互联网普及率仅为53.6%，虽然发达国家的个人用户普及率已经达到86.6%，但发展中国家的比例仅为47%，最不发达国家的用户上网比例仅为19.1%，尤其是非洲和东南亚国家的网络覆盖比例最低。

除了人口覆盖之外，还有很多工作场景也尚未覆盖网络，包括油气管道、森林与采矿作业、海上钻井平台等野外作业人员，都急需方便、稳定、快捷的互联网接入服务。

另外，光纤的铺设成本还是比较高，我国的用户在城市里感觉不出来，主要是因为城市里人口密度大。而像美国、加拿大等人口密度小的地方，光纤铺设并非最优选择。

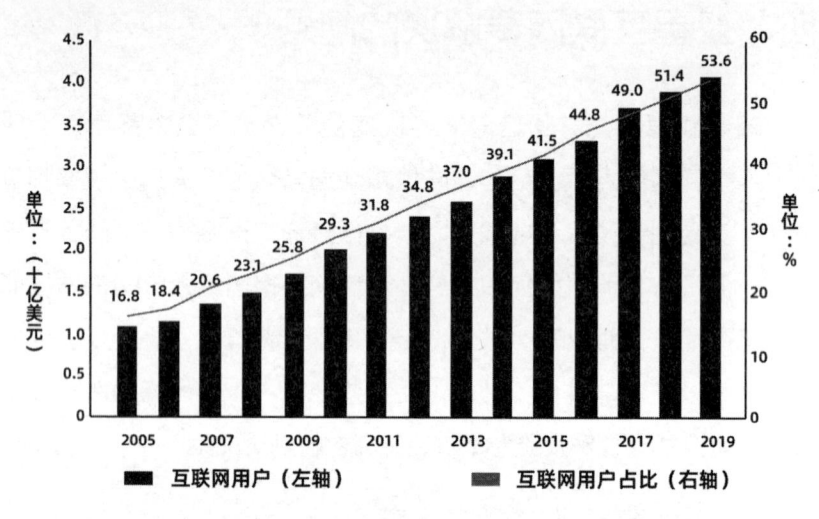

图5-4　全球个人用户网络使用占比（2005—2019年）

（二）航海与航空的需求

全球有71%的面积被海水占据，海洋与船舶成为连接各大洲的重要工具。截至2018年，全球商船队共有9.6万艘100吨及以上的船舶，船员和乘客长时间离开岸边，连接网络可以说是刚需。

目前，船舶上海员主要通过海事卫星系统（INMARSAT）进行网络连接，费用昂贵，而且普及率不高。2019年，全球272艘邮轮的乘客数达到3000万人，邮轮乘客对于网络的需求十分旺盛。同时，世界海洋捕捞船总数大约为460艘，是航海领域卫星互联网潜在的客户群体[①]。

---

① 黄志澄.卫星互联网——太空经济新动力.远望智库

在航空方面，2019年全球航空客运量为45.4亿人次，用户消费水平比较高，过去，乘客在飞机上难以通过手机连接网络，随着航空Wi-Fi技术的发展，其安装与运营的成本快速降低，但当前飞机上的Wi-Fi仍存在网络访问速率慢和限流等问题。另外，全球还有20万架私人飞机、十几万艘的私人游艇、几千座私人岛屿、每年上千次科考项目等都需要网络服务。

（三）对网络要求严格的高端需求

光在光纤中的传播速度是真空中的2/3，因此对于较长距离通信而言，卫星互联网的时延较短，甚至比地面网络的时延还要短。这对于时延要求高、保持无间断的国际金融行业来讲，是必不可少的。

未来车联网的落地将进一步推动5G、边缘计算、卫星互联网的融合，网络不仅要能够在城市道路为车辆提供服务，也要能够为车辆行驶在偏远地区提供高速稳定的服务。

五、先驱也可能是先烈——卫星互联网行业风险

早在SpaceX的星链名声大噪之前，格雷格·怀勒是第一个建立卫星互联网成功商业模式的人。

2007年，为了帮助全球30亿人实现接入互联网的伟大愿望，格

雷格·怀勒成立了O3b (Other 3 billion)，即"另外的30亿"的缩写，这个数字，就是全球尚未接入互联网的人口数量。O3b运营的是中地球轨道卫星，相比于传统的地球同步轨道卫星，O3b传输速率更高，时延更低。2013年，O3b拥有了13颗在轨卫星，并开始提供服务，很快实现了原计划一年1亿美金的收入水平。

格雷格·怀勒的旗开得胜也给了当时刚刚起步的SpaceX很大的鼓励。在这之后，格雷格·怀勒在2014年成立了One Web公司，计划发射650颗地球轨道卫星组成卫星互联网，为全球用户提供互联网接入服务。有了O3b中轨道卫星的成功经验，格雷格·怀勒想在低轨道上实现更大的抱负。但是好运气没有一直伴随他，加之格雷格·怀勒低估了制造和发射卫星的难度，虽然融资了30多亿美元，但是卫星制造成本的大幅上升依旧为后续的破产埋下了伏笔。

新型冠状病毒疫情和市场动荡的影响，打乱了One Web的计划，为此One Web宣布申请破产保护。这个消息让很多人感到震惊，因为就在宣布破产前的6天，One Web还刚刚发射升空34颗卫星。目前，One Web已经升空的卫星有74颗，虽然未完成最终组网应用，但这也成为该公司最具有价值的资产。

当然，破产并不是一件丢脸的事情，当年的铱星也经历了破产，但最终还是获得了涅槃重生。在这个高风险的行业里，即使是埃隆·马斯克也表示，SpaceX正在致力于"不破产"。

六、卫星互联网与5G技术的区别

简单来讲，卫星互联网和5G技术各有所长，可以形成较好的补充。

从应用场景上看：5G时代，由于人们通信使用频段较高，需要增加基站覆盖密度，对于地广人稀的地方，如沙漠、海洋、森林、野外科考等领域进行5G网络覆盖的成本较高，而卫星互联网则有较大的发挥空间；在城市以及人口密集地区，由于智能终端的普及和室内通信覆盖等问题，5G仍具有较大优势。另外，5G的空口时延理论上为1毫秒，对于远程医疗、自动驾驶、工业互联网等对时延要求较高的领域来说非常重要。卫星互联网的时延较高，在相关领域仍处于劣势。

从频谱利用率上看，目前卫星互联网，尤其是前面介绍的SpaceX和One Web等系统，平均频谱效率约在2.5bit/s/Hz，相当于3G网络水平；而目前5G的平均频谱效率在10bit/s/Hz以上，效率是当前卫星互联网的4倍左右。也就是说，如果采用相同波段的相同带宽，如以200MHz带宽为例，则低轨卫星的传输速率约500Mbps，而5G的传输速率则会达到2Gbps[1]。

从用户体量上看：以One Web卫星互联网为例，按照计划其系统总容量为5.4Tbps，如果每个用户的平均速率是30Mbps，那么

---

[1] 陈山枝详解低轨卫星通信：与5G是互补关系，在6G时融合.C114通信网

One Web卫星互联网能够同时容纳的用户数量不到20万户。而截至2020年3月底，我国的4G用户已经达到12.8亿户，4G基站为551万个。未来5G的接入速率将是4G的10倍，基站数量也将是现有4G基站的2~3倍，每平方千米能够支持10Tbps的传输速率。One Web卫星互联网的5.4Tbps容量与之相比还有较大差距，很显然，现有的卫星互联网还难以达到如此体量的通信容量。如果通过卫星互联网进行网络覆盖，那么需要的卫星数量将大幅度增加，有可能最终导致城市上空卫星互联网的覆盖过于密集，造成其他衍生问题。

从技术融合创新角度来看：卫星移动通信长期吸收了地面移动通信的先进理念和成果。卫星移动通信与地面移动通信采用相同的系统架构，相似的核心网络和上层协议。同时卫星通信与地面网络也在加快融合：2017年3月，由欧洲航天局启动的SATis5计划，目标就是构建一个大规模的端到端5G集成网络验证测试平台，该平台于2018年8月投入使用。同年6月，由欧洲16家企业及研究机构联合成立的SaT5G，重点研究卫星与地面5G融合技术，推动国际标准化工作。SaT5G主要利用卫星实现边缘计算、传输单元和虚拟化基础设施的整合。

总的来看，卫星互联网与5G各有其优势，随着4G网络完善以及5G网络快速普及，数字鸿沟问题将在全球进一步扩大，但卫星互联网的应用将以较低成本解决偏远地区的网络覆盖问题，从而与地面通信网络共同为全球用户服务。

表5-2 卫星移动通信与地面移动通信采用相似系统架构

序号	卫星名称	部署时间	频段	标准
1	MSAT	1995	L频段	AMPS（类似于GSM）
2	ACeS	2000	L频段	类似于GSM
3	Thuraya	2000	L频段	GMR-3G类似于GSM
4	Iridium	1996	L频段、Ka频段	类似于GSM
5	GlobalStar	1998	L频段、S频段	类似于IS-95
6	Inmarsat-4	2005	L频段	IAI-2（类似于3GPP-R4）
7	SkyTerra	2010	L频段	WCDMA/LTE（3G、4G）
8	TerreStar	2009	S频段	WCDMA（3G、4G）
9	"TianTong-1" 01	2016	S频段	类似于3GPP-R6

七、卫星互联网热点问题

Q1：为何美国的 GPS 系统仅用 24 颗卫星就能覆盖全球，我国的北斗系统需要 35 颗卫星？

A：

我国的定位卫星比美国的GPS系统多了11颗，事实上，由于美国的卫星定位技术起步较早，低轨道大多数被美国的卫星所占据，导致两者的卫星运行轨道并不相同。因此，我国的定位卫星需要选择高轨道来进行部署。高轨道部署就意味着需要更多颗卫星来运行，才能精准地提供服务。另外，出于国家安全的考虑以及北斗系统独有的卫星发送短信能力，北斗系统的卫星个数是多于GPS系统的。

虽然北斗系统起步较晚，但是其技术具有后发优势。美国的GPS系统使用的是串联中断技术，也就是说虽然卫星数量少，但是一旦其中一颗卫星损坏，就容易导致卫星导航出现问题。而我国的北斗系统使用的是并联中继技术，尽管卫星高度和数量有所增加，但是其优势在于，即使个别卫星出现问题，剩余的正常卫星依旧可以继续使用和工作。

当然，美国的GPS系统也不是一成不变的，24颗卫星是GPS系统进行全球定位所需的最少卫星数量。目前，太空中的GPS卫星已经增加到了32颗，多出来的卫星一方面用于备份，防止因为某些卫星出现问题而导致某些地方的定位导航不准确；另一方面是多出来的卫星可以增加定位的精度。

我国的北斗系统目前已经成为为全球用户提供全天候、全天时、高精度定位、导航和授时服务的国家重要时空基础设施。

20世纪80年代，中国开始探索适合国情的卫星导航系统发展道路，逐步形成了三步走发展战略：1994年启动北斗一号系统工程建设，至2003年年底，北斗一号系统已经发射了5颗卫星，并向中国用户提供定位、授时等服务；2004年启动北斗二号系统工程建设，至2012年年底建成北斗二号系统，总计发射14颗卫星，向亚太地区提供服务；2009年启动北斗三号系统建设，目前已经在2020年6月份发射了最后一颗"收官之星"，建成了完整的北斗系统，并向全球提供服务。2035年前，我国还将建设完善更加泛在、更加融合、更加智能的综合时空体系[①]。

表5-3 北斗卫星发射一览

卫星	发射日期	运载火箭	轨道
第1颗北斗导航试验卫星	2000.10.31	CZ-3A	GEO
第2颗北斗导航试验卫星	2000.12.21	CZ-3A	GEO
第3颗北斗导航试验卫星	2003.5.25	CZ-3A	GEO
第4颗北斗导航试验卫星	2007.2.3	CZ-3A	GEO
第1颗北斗导航卫星	2007.4.14	CZ-3A	MEO
第2颗北斗导航卫星	2009.4.15	CZ-3C	GEO
第3颗北斗导航卫星	2010.1.17	CZ-3C	GEO
第4颗北斗导航卫星	2010.6.2	CZ-3C	GEO
第5颗北斗导航卫星	2010.8.1	CZ-3A	IGSO
第6颗北斗导航卫星	2010.11.1	CZ-3C	GEO
第7颗北斗导航卫星	2010.12.18	CZ-3A	IGSO
第8颗北斗导航卫星	2011.4.10	CZ-3A	IGSO
第9颗北斗导航卫星	2011.7.27	CZ-3A	IGSO
第10颗北斗导航卫星	2011.12.2	CZ-3A	IGSO
第11颗北斗导航卫星	2012.2.25	CZ-3C	GEO
第12、13颗北斗导航卫星	2012.4.30	CZ-3B	MEO
第14、15颗北斗导航卫星	2012.9.19	CZ-3B	MEO
第16颗北斗导航卫星	2012.10.25	CZ-3C	GEO
第17颗北斗导航卫星	2015.3.30	CZ-3C	IGSO

① 北斗卫星导航系统发展报告（4.0版）.中国卫星导航系统管理办公室.2019.12

续表

卫星	发射日期	运载火箭	轨道
第18、19颗北斗导航卫星	2015.7.25	CZ-3B	MEO
第20颗北斗导航卫星	2015.9.30	CZ-3B	IGSO
第21颗北斗导航卫星	2016.2.1	CZ-3C	MEO
第22颗北斗导航卫星	2016.3.30	CZ-3A	IGSO
第23颗北斗导航卫星	2016.6.12	CZ-3C	GEO
第24、25颗北斗导航卫星	2017.11.5	CZ-3B	MEO
第26、27颗北斗导航卫星	2018.1.12	CZ-3B	MEO
第28、29颗北斗导航卫星	2018.2.12	CZ-3B	MEO
第30、31颗北斗导航卫星	2018.3.30	CZ-3B	MEO
第32颗北斗导航卫星	2018.7.10	CZ-3A	IGSO
第33、34颗北斗导航卫星	2018.7.29	CZ-3B	MEO
第35、36颗北斗导航卫星	2018.8.25	CZ-3B	MEO
第37、38颗北斗导航卫星	2018.9.19	CZ-3B	MEO
第39、40颗北斗导航卫星	2018.10.15	CZ-3B	MEO
第41颗北斗导航卫星	2018.11.1	CZ-3B	GEO
第42、43颗北斗导航卫星	2018.11.19	CZ-3B	MEO
第44颗北斗导航卫星	2019.4.20	CZ-3B	IGSO
第45颗北斗导航卫星	2019.5.17	CZ-3C	GEO
第46颗北斗导航卫星	2019.6.25	CZ-3B	IGSO
第47、48颗北斗导航卫星	2019.9.23	CZ-3B	MEO
第49颗北斗导航卫星	2019.11.5	CZ-3B	IGSO
第50、51颗北斗导航卫星	2019.11.23	CZ-3B	MEO
第52、53颗北斗导航卫星	2019.12.16	CZ-3B	MEO
第54颗北斗导航卫星	2020.3.9	CZ-3B	GEO

第六章

车联网的野望

一、历史上的人车关系

（一）人类发明了汽车

从第一次到第三次工业革命，蒸汽机、内燃机、电子计算机不断在汽车工业领域普及应用。回顾历史，我们会发现，人与汽车的关系随着技术的创新发展不断丰富延展。

1766年，英国发明家瓦特改进了蒸汽机，开启了第一次工业革命。1883年，德国人科尔·奔驰发明了基于内燃机的三轮车，这是世界上第一辆真正意义上的汽车。此后，汽车开始走进生活，逐渐成为人类的交通工具，人类则开始规划道路、制定相应的交通规则。1908年，福特的T型车成为历史上第一部可以在生产线上大量装配的汽车。从此，汽车的价格不再高不可攀，成为人们能够负担得起的代步工具。汽车成为家庭富足的重要标志。

汽车的安全性一直伴随着汽车工业的发展而不断改进。1959年,沃尔沃公司发明了三点式安全带,从此,人与汽车之间多了一层牢固的安全保障。更难能可贵的是,沃尔沃公司并没有把安全带的专利独享,而是免费提供给其他汽车制造商使用。在速度和效率上,人们彼此竞争,但在汽车安全和保障方面,所有人都无私地站在了一起,安全带成为汽车的标配。

随着科技的进步,汽车从最初的交通工具,逐步演变成中产家庭的必需品。在基本需求满足之后,人类对于车辆的舒适性、安全性、品牌的追求开始多元化。

(二)汽车改变了社会

人类发明了汽车,反过来,汽车也在不断影响我们的生活。汽车工业是为国民经济创造巨大产值的关键行业。

在就业方面,汽车工业给机械、能源、交通等行业带来大量就业机会。不仅在车辆生产和使用过程中,同时在汽车金融、保险和培训方面,汽车工业也创造了丰富的就业岗位。

在社会发展方面,汽车技术的发展,敦促人们改变城市的交通状况,建立秩序,推进了乡村交通建设,使城乡之间的联系更加紧密,使乡村依托城市的辐射能力得到更好的发展。

在能源利用方面,人们对化石燃料的使用更加谨慎,能源危机倒逼人们通过技术创新发掘新的能源供给方式,混合动力、纯电汽车开始走进人们的生活,重塑着全球能源和汽车市场的格局。

二、汽车行业面临的挑战

经过100多年的发展,汽车已经成为老百姓生活中的重要组成部分。根据世界汽车制造商协会的统计数据,2019年全球共生产汽车9178.7万辆,其中,乘用车生产6714.9万辆,商用车生产2463.8万辆。

汽车在给我们带来出行便利的同时,也带来一些弊端。比如,庞大的汽车存量造成日益严重的社会问题,包括事故频发、交通拥堵、环境污染、能源消耗等。

(一)交通事故频发

根据世界卫生组织发布的《2018全球道路安全报告》,全世界每年因道路交通事故死亡的人数约为135万,相当于全球每天有3700人因交通事故死亡,每24秒就有1人在道路上失去生命。道路交通伤害是5~29岁的儿童和年轻人的主要死因,25岁以下男性死于道路交通事故的可能性是年轻女性的3倍。平均车速每提高1%,发生致命碰撞的风险就会增加4%,同时导致伤害的事故风险增加3%。

(二)交通拥堵城市病

交通拥堵不仅仅是北上广深这样的一线城市所特有的,在很多省会城市、甚至二线城市也日益严重。部分城市陆续出台了限号出行的政策,民众出行难免有些不便。

高德地图公布的《2019中国主要城市交通分析报告》显示，2019年，全国拥堵情况严重的前十个城市分别为：哈尔滨、重庆、长春、北京、济南、呼和浩特、西安、大连、贵阳、沈阳。每年因为拥堵而造成的时间成本高达数千亿元。2019年，全国有66个城市汽车保有量超过百万辆，超过200万辆的城市达到30个，超过300万辆的城市达到11个。在此情景下，交通拥堵已经成为各个地方政府需要着力解决的民生问题之一。

此外，交通拥堵还带来了能源消耗、环境污染问题。据统计，全球温室气体排放来源中，有22%来自交通运输。众所周知，一氧化碳排放是空气质量不断下降的罪魁祸首之一[①]。

（三）驾驶员效率与安全

公安部公布的数据显示，近年来，我国私家车保有量持续快速增长，于2019年首次突破2亿辆，达到2.07亿辆，北京以593.4万辆位居第一。

2019年，全国机动车驾驶人数量达到4.35亿人，其中，汽车驾驶人达到3.97亿人，占驾驶人总量的91.26%。驾驶人数量超过1000万的有19个省份，其中，广东以超过4000万人的驾驶人数量位居全国第一，山东以3000万人紧随其后。80、90后成为驾驶人的主力军，驾龄不满1年的驾驶人占比为6.76%。

---

① 移动出行的未来——推动新兴移动出行生态圈创新的技术和趋势.浦发硅谷银行.2019

有关研究统计显示，全国的民众驾车上班的平均距离为8.11千米，平均花费23分钟。

三、自动驾驶技术走进现实

自动驾驶在人工智能、云计算、5G等技术的加持下快速发展，已经成为业内关注的焦点。根据美国汽车协会（SAE）2014年制定的自动驾驶分级标准，自动驾驶可以分为L0~L5六个等级。

美国汽车协会关于自动驾驶的标准等级不但被美国监管部门所采纳为美国联邦标准，同时也作为全球汽车产业评定自动驾驶汽车等级的通用标准。

在我国，与自动驾驶汽车相关的概念还有智能网联汽车。根据工业和信息化部的定义，智能网联汽车指的是搭载先进的车载传感器、控制器、执行器等装置，并融合现代通信与网络技术，实现车内网、车外网、车际网的无缝连接，具备信息共享、复杂环境感知、智能化决策、自动化协同等控制功能，与智能公路和辅助设施组成的智能出行系统，可实现"高效、安全、舒适、节能"行驶的新一代汽车。

（一）自动驾驶领域的参与者

虽然自动驾驶汽车近年来才开始使用一些新技术，但自动驾驶技术早在20世纪70年代就开始启动探索进程了。这其中，高校科

表6-1 自动驾驶定义及分级

SAE等级		名称	概念界定	功能				区域	
				驾驶主体	感知接管	监控干预	实现功能	道路	环境监测
驾驶员执行部分或全部动态驾驶任务	Level 0	完全人类驾驶	由人类驾驶员全程操控汽车，但可以得到主动安全系统的辅助信息。	人	人	人	/	全部	全部
	Level 1	机器辅助驾驶	利用环境感知信息对转向或纵向加减速进行闭环控制，其余工作由人类驾驶员完成。	人/机器	人	人	部分	部分	部分
	Level 2	部分自动驾驶	利用环境感知信息同时对转向和纵向加减速进行闭环控制，其余工作由人类驾驶员完成。	机器	人	人	部分	部分	部分
自动驾驶系统执行全部动态驾驶任务（使用状态中）	Level 3	有条件自动驾驶	由自动驾驶系统完成全部驾驶操作，人类驾驶员根据系统请求进行干预。	机器	机器	人	部分	部分	部分
	Level 4	高度自动驾驶	在限定道路和功能条件下，由自动驾驶系统完成全部驾驶操作，无需人类驾驶员进行任何干预。	机器	机器	机器	部分	部分	部分
	Level 5	完全自动驾驶	由自动驾驶系统完成全部的驾驶操作，系统能够自动完成人类驾驶员能够应付的全部道路环境。	机器	机器	机器	全部	全部	全部

研机构、汽车制造商、互联网公司成为自动驾驶技术研究的主要参与者。

1. 高校科研机构

为推动自动驾驶技术的探索和落地，美国早在2004年就启动了自动驾驶挑战赛，并成功举办了三届。

2004年，第一届挑战赛在美国的莫哈韦沙漠举行，有21支队伍参赛，但是没有一辆汽车完成整场比赛。美国卡内基梅隆大学的自动驾驶汽车行驶距离最远，达到11.78千米。第二届挑战赛获得了更多的关注，有195支队伍报名，最终，来自美国斯坦福大学的队伍获得冠军。他们完成了全部考核项目，并获得了200万美元的奖金。第三届挑战赛在美国一个关闭的空军基地举行，主办方要求参赛车辆在6小时以内完成96千米的市区道路行驶。最终，来自美国卡内基梅隆大学的队伍获胜，用时仅为4小时10分20秒，平均时速达到22.53千米每小时。

我国的科研院校在20世纪80年代末启动了自动驾驶汽车研究工作。1992年，国防科技大学成功研制出中国第一辆真正意义上的自动驾驶汽车。可以说，高校科研机构在自动驾驶技术的探索方面一直位居前列，为自动驾驶技术的落地进行了大量的探索和尝试。

2. 汽车制造商

在科研院校积极探索自动驾驶技术的同时，全球主流汽车制造商也在布局自动驾驶技术的版图。在2013年前后，由汽车制造商主导的自动驾驶技术迭代进入快速推动期。与高校采取的策略不同，汽车制造商更多采用的策略是渐进提高汽车驾驶智能化水平的方法，并积极研发自动驾驶技术。

汽车制造商在资金实力、造车平台、汽车销售网络、品牌效应方面具有较强优势。

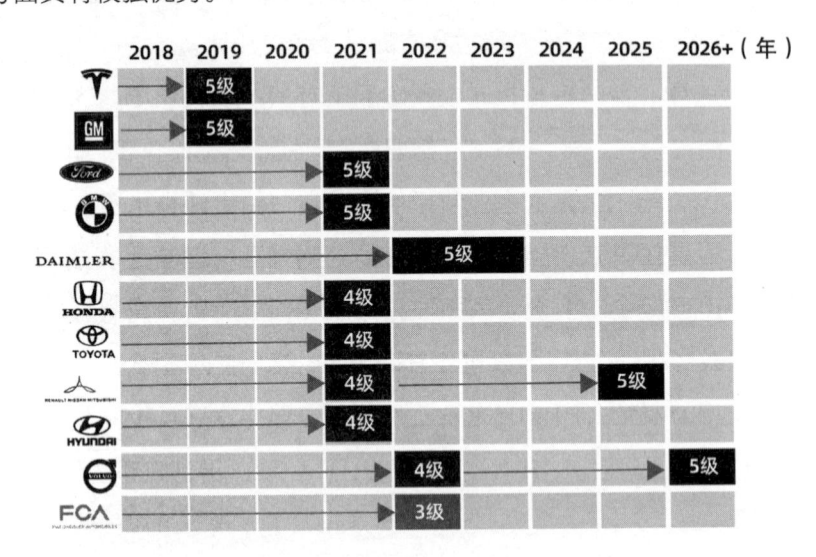

厂商	2018	2019	2020	2021	2022	2023	2024	2025	2026+（年）
Tesla	→	5级							
GM	→	5级							
Ford	→			5级					
BMW	→			5级					
DAIMLER	→				5级				
HONDA	→			4级					
TOYOTA	→			4级					
RENAULT NISSAN MITSUBISHI	→			4级	→			5级	
HYUNDAI	→			4级					
VOLVO	→				4级	→			5级
FCA	→				3级				

图6-1　主流汽车制造商推出自动驾驶技术的时间

例如，2018年的新款奥迪A8是全球首款量产搭载Level 3级别的自动驾驶系统的车型，其携带有12个超声波传感器、5个摄像机、5个毫米波雷达、1个激光雷达、1个红外线摄像机共24个车载传感器，可以在60千米每小时以下的车速中时实现Level 3级别的自动驾驶，使驾驶员在拥堵路况下可以获得最大限度的解放[①]。

---

① 清华2018人工智能之自动驾驶研究报告.2018.7

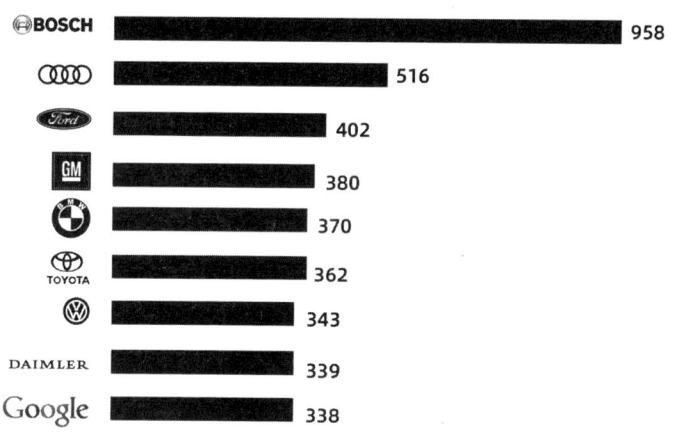

BOSCH	958
AUDI	516
Ford	402
GM	380
BMW	370
TOYOTA	362
VW	343
DAIMLER	339
Google	338

图6-2 传统汽车制造商自动驾驶领域的专利数量

(单位:个)

国内汽车制造商正在积极地与国内高校、科研机构开展合作，逐步加快自动驾驶技术的研发工作。一汽集团、广汽集团、长安汽车、奇瑞汽车、吉利汽车、比亚迪、长城汽车等国内汽车生产企业均计划在2020年推出Level 3级别的自动驾驶汽车。

3. 互联网公司

在自动驾驶技术研发领域，互联网公司是不容忽视的重要推动力量。谷歌、苹果、特斯拉、腾讯、百度等企业纷纷加大对自动驾驶技术的研发投入。尤其在技术创新、高精度地图、用户规模等方面，互联网公司占据优势。

谷歌旗下的Waymo自动驾驶汽车，2018年正式在美国亚利桑那州推出出租车服务，自动驾驶技术在出租车领域首次实现商业化。

2019年，美国加利福尼亚州机动车管理局发布的《2018年自动驾驶接管报告》中显示，Waymo继续领跑，成为自动驾驶汽车领域的佼佼者。Waymo平均每跑17846.8万千米才需要人工干预一次，而排名第二的GM Cruise，平均每8327.8千米需要干预一次。

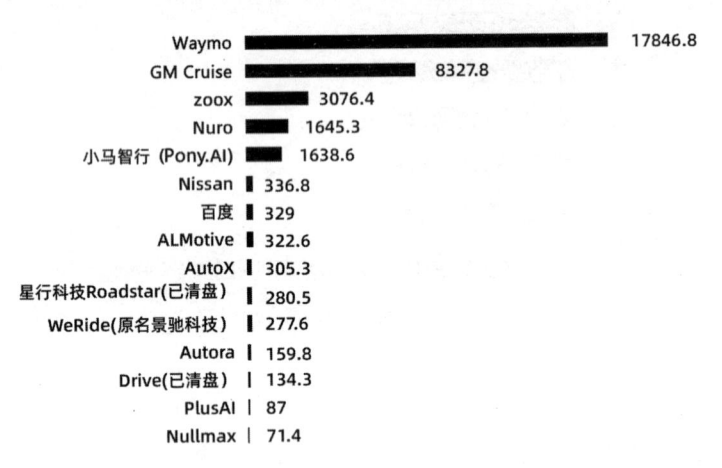

企业	千米/次
Waymo	17846.8
GM Cruise	8327.8
zoox	3076.4
Nuro	1645.3
小马智行（Pony.AI）	1638.6
Nissan	336.8
百度	329
ALMotive	322.6
AutoX	305.3
星行科技Roadstar(已清盘)	280.5
WeRide(原名景驰科技)	277.6
Autora	159.8
Drive(已清盘)	134.3
PlusAI	87
Nullmax	71.4

图6-3　美国加利福尼亚州2018年无人驾驶测试企业每次人工干预能够行驶距离
（单位：千米/次）

（资料来源：前瞻产业研究院）

我国的互联网公司也紧追自动驾驶前沿趋势。百度公司于2013年开启了百度自动驾驶汽车项目，其技术核心是"百度汽车大脑"，包括高精度地图、定位、感知、智能决策与控制四大模块。2018年7月4日，百度在第二届百度AI开发者大会上宣布，与厦门金龙合作生产的首款Level 4级别的自动驾驶巴士"阿波龙"已经量产下线。这一批次的100辆车被投放到北京、深圳、武汉等城市，在机场、工业园区、公园等行驶范围相对固定的场所开始商业化运营。2020年6月，腾讯发布自动驾驶仿真测试平台TADSim的2.0版本，在行业内率先使用"数据+游戏"技术双擎驱动的路线，在真实性、全面性、可视化、标准化、轻量化五个维度进行了升级，全面提升自动驾驶技术的开发和测试效率。

TADSim2.0场景库有超过1000种场景类型，基于AgentAI技术和腾讯云的加持，TADSim2.0可以演化生成万倍以上规模的丰富场景，具备每日1000万千米以上的测试能力。同时，TADSim2.0架构的数据传输能力可以获得10倍速提升，减少30%的资源占用。TADSim2.0已经与国家智能网联（长沙）测试中心及公安部交通管理科学研究所等机构展开合作，基于高精度地图和模拟仿真技术，推行虚实结合的仿真测试，加速自动驾驶研发落地。

（二）如何实现自动驾驶

ADAS是Advanced Driver Assistance System的缩写，即"高级驾驶辅助系统"。它是指利用安装在车辆上的各种传感设备（包括毫米波雷达、激光雷达、单/双目摄像头以及卫星导航等），从而在汽车行驶过程中实时感知周围的环境、收集相关数据信息，进行静态或者动态物体的辨识、侦测与追踪，并结合导航仪地图数据，进行系统的运算与分析，从而预先让驾驶者察觉到可能发生的危险，有效增加汽车驾驶的舒适性和安全性。

ADAS系统是汽车实现自动驾驶的首要步骤，实现自动驾驶需要先普及ADAS。自动驾驶汽车需要时刻感知周围的环境变化情况，通过传感器设备来获取信息，进行决策判断，并制定相应的执行策略。因此，感知环境信息是自动驾驶汽车安全高效行驶的关键和前提条件，类似人的眼睛和耳朵。

传感器和摄像机
汽车周围环境的数据由车载传感器和摄像机捕捉，让汽车可以在不断变化的环境中精准地移动。

云端数据处理
实时遥测数据托管在云端服务器上，让汽车可以处理车速和车辆周围事物接近度。

人工智能
深度学习算法让汽车可以快速适应不断变化的环境，并不断向新环境和情境学习。

连通性
所有车载系统均实现网络化，可以与其他车辆周围物体通信。这样可以让车辆根据天气变化做出调整。

机器学习
通过云端自动对软件频繁进行更新，人工智能系统不需要不断重新编程即可提高车辆性能。

毫米波雷达
毫米波雷达利用无线电波确定周围物体存在、距离和速度。

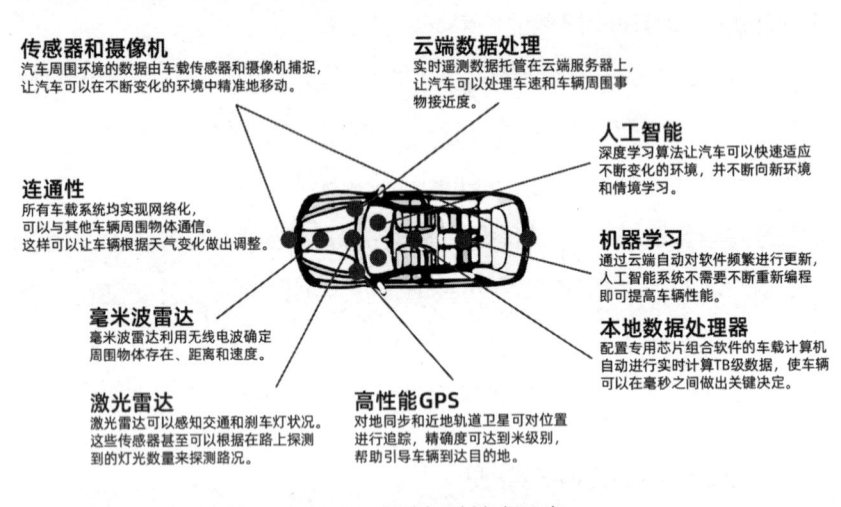

本地数据处理器
配置专用芯片组合软件的车载计算机自动进行实时计算TB级数据，使车辆可以在毫秒之间做出关键决定。

激光雷达
激光雷达可以感知交通和刹车灯状况。这些传感器甚至可以根据在路上探测到的灯光数量来探测路况。

高性能GPS
对地同步和近地轨道卫星可对位置进行追踪，精确度可达到米级别，帮助引导车辆到达目的地。

图6-4　自动驾驶技术示意

1. 神奇的传感器设备

· 摄像机

自动驾驶汽车上配置的摄像机一般为工业摄像机，它类似于人的眼睛，用来获取周围的环境信息。相较于雷达，摄像机可以识别汽车行驶环境中的行人、车辆、路标、交通标示、信号灯等关键信息，而且具有较高的图像稳定性，成本较低。

但自动驾驶摄像机也有诸多不足，例如，识别精度不高，容易受到强光、雨雾等恶劣天气的影响，穿透力差。

- 激光雷达

激光雷达主要是通过发射激光束来探测目标空间位置的主要测量设备，这些位置信息包括周围物体的距离、速度和方位等。激光雷达通过发出的激光束对区域进行旋转扫描，并通过点云来描述三维环境模型。激光雷达分辨率高，穿透力强，但是成本高昂，精度容易受到恶劣天气影响。

激光雷达发出的线束越多，每秒采集的点云越多，同时造价也越高。美国Velodyne公司研发的64线雷达售价曾高达7万美元。随着固态激光雷达的成功研制，其成本也将大幅降低，有望能够在自动驾驶汽车上普及应用。

- 毫米波雷达

顾名思义，毫米波雷达就是指使用频段在30G～300G的毫米波进行测量的雷达。毫米波雷达具有全天候、探测距离远、价格便宜、质量轻、体积小等优点，目前已经广泛应用在自动驾驶领域。在激光雷达因大雪、雾霾无法准确判断周围环境时，毫米波雷达可以作为辅助探测手段，提供可靠的数据，并且毫米波雷达测距更远。如果把激光雷达比作眼睛的话，那么毫米波雷达就类似望远镜。不过，在国产化方面，我国车载毫米波雷达市场仍然处于起步阶段，市场仍然主要被跨国企业垄断。

- 超声波雷达

超声波雷达主要依靠超声波的特性研制而成。超声波雷达的数

表6-2 自动驾驶系统主要传感器性能对比

指标	激光雷达	毫米波雷达	超声波雷达	摄像头
探测距离	<150m	>150m	<10m	<100m
分辨率	>1mm	10mm	差	差
方向性	达到1度	最小2度	90度	由镜头决定
响应时间	快（10ms）	快（1ms）	慢（1s左右）	一般（100ms）
整体精度	极高	较高	高	一般
温度适应性	好	好	一般	一般
脏/湿度影响	差	好	差	差
环境适应性	恶劣天气适应性差、穿透力强	恶劣天气适应性强、穿透力强	恶劣天气适应性差、穿透力强	恶劣天气适应性差、穿透力差
成本	高	较高	低	一般
功能	实时建立周边环境的三维模型	自适应巡航、自动紧急制动	倒车提醒、自动泊车	车道偏离预警、前向碰撞预警、交通标志识别、全景泊车、驾驶员注意力检测
优势	精度极高，三维建模功能	不受天气影响，探测距离远，精度高	成本低，近距离测量精度高	成本低，可识别行人和交通标志
劣势	成本高，精度受恶劣天气影响	成本高，难以识别行人	探测距离近	依赖光纤、天气环境，精度不够

（数据来源：前瞻产业研究院）

据处理简单快捷,但是探测距离比较短,主要用于近距离障碍物检测。其不足之处在于距离信息不精确,一般主要应用在对精度要求不高的领域,比如倒车雷达等方面。

2. 高精地图

高精地图是自动驾驶技术落地的必要组成部分。相对于我们目前使用的手机导航地图而言,高精地图最显著的特点就是高精准性。传统的导航地图只需要做到米级精度就可以实现基于GPS的导航应用,但是高精地图却至少要达到厘米级的精度才能保证自动驾驶汽车行驶的安全性。自动驾驶技术之所以需要如此高的精度,就是希望汽车系统能够通过高精地图预知路面的复杂情况,从而更好地规避潜在安全风险。同时,高精地图还需要保证能够实时更新,由于道路路网经常发生变化,如道路整修、交通标识线磨损或标识更换等,这些改变都要及时反映在高精地图上,以确保自动驾驶汽车的行车安全。

· 地图匹配

由于存在各种定位误差和偏离,导航地图上的车辆和周围环境难以保持正确的位置关系。利用高精地图可以将车辆精准定位在车道上,从而提高车辆的定位精度。

· 环境感知

车载传感器容易受到天气变化的影响,具有一定的局限性。在恶劣环境中,可以使用高精地图来获取当前位置的精准路况,从而对车载传感器起到补充作用。

- 路径规划

　　交通路况在实时地更新变化，提前规划好的行车路径也有可能随时变化。高精地图可以为车辆提供最新的路况信息，帮助系统重新制定最优路径。

　　最近几年，国家开始逐步完善地图产业发展的政策环境，地图产业的发展越来越受到各方重视。未来，高精地图产业有望快速发展，为我国发展自动驾驶汽车领域打下坚实的基础。有研究机构预测，到2020年年底，我国高精度地图市场可以发展到120亿元规模，到2025年将达到600亿元规模[1]。

3. 决策与规划

　　通过各种车载传感器设备，将数据信息快速传导至"大脑"进行分析和思考，并确定最优的行驶路线，这就是自动驾驶决策层面需要做的事。即接受感知层数据并进行分析，判断当下应该执行的操作，规划最合理的行驶路线。

　　通常情况下，自动驾驶汽车的决策与规划系统主要包含以下几点内容。

　　一是局部路径规划。在进行自动驾驶局部路径规划时，汽车的路径规划算法会在行驶任务设定完成之后，将任务的最佳路径计算并筛选出来，同时避免车辆发生碰撞，以此来保持安全距离。例如，自动泊车场景就是典型的局部路径规划。

---

[1] 2019年中国自动驾驶行业发展研究报告.前瞻产业研究院.2019

二是全局路径规划。自动驾驶全局路径规划主要是对行驶路径范围进行设计。当自动驾驶汽车上路行驶时，驾驶任务规划会为汽车的自主驾驶提供方向引导方面的行为决策方案。

4. 执行与控制

感知与决策层面，主要是完成了"我在哪""要去哪"两个步骤，而执行与控制层面则完成的是"怎么去"，即通过接受决策层面的数据，来完成车辆行驶、转向、制动等实际行驶动作。车辆控制具体包括纵向控制和横向控制。纵向控制，即车辆的驱动与制动控制，是指通过对节气门和制动的协调，实现对期望车速的精确跟随。横向控制，即通过转向盘角度的调整以及轮胎力的控制，实现自动驾驶汽车的路径跟踪。

四、车联网的野望

如果说自动驾驶是单车智能的话，那么在目前的技术条件下，还无法真正实现高级别的自动驾驶技术。车载传感器毕竟受到各种环境条件的限制，且成本高昂，难以大面积普及。而车联网则有望突破以上限制条件，推动智能驾驶技术快速落地。

（一）车联网基本特性

车联网，指通过新一代信息通信和互联网技术，实现车辆与全方位网络的连接，实现汽车、电子、信息通信、道路交通运输等行业深度融合的新型产业形态。

主要包括以下内容。

- 车与车（V2V）：主要是车辆之间的信息交互和提醒。比较典型的应用是车辆之间的防碰撞安全系统。
- 车与基础设施（V2I）：车辆可以与道路和其他基础设施进行连接和信息交互，比如与红绿灯、路障等通信，可以及时获取交通灯信号灯道路管理信息。
- 车与人（V2P）：主要用作道路上行人与非机动车之间的安全警告。
- 车与平台（V2N）：主要通过移动通信网络，将车辆连接到云端服务器，通过云端服务器提供导航、娱乐、防盗等功能，这也是应用最为广泛的车联网形式。

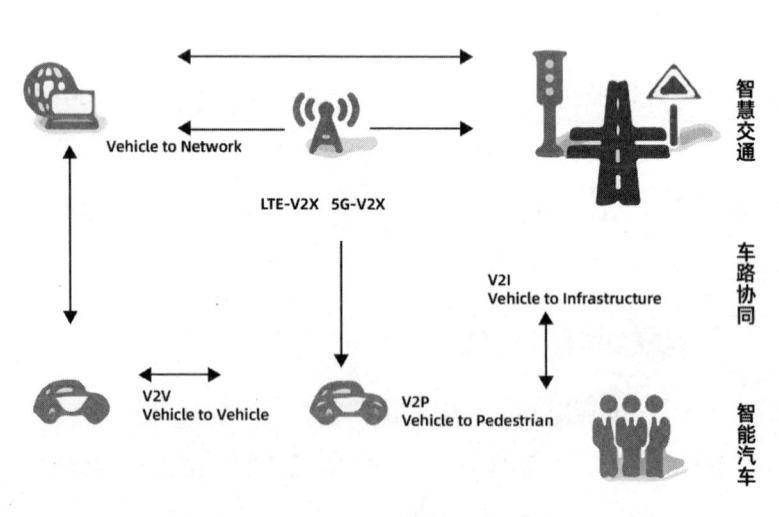

图6-5 车联网

可以说，车联网将"人—车—路—云"四者有机地结合在一起，保证了交通安全，有效提升通行效率。同时，也将给产业链众多的企业带来新的机遇。科技类公司可以借助自身AI能力的积累，提供自动驾驶解决方案；互联网内容提供商可以加快抢占车内空间，提供更多增值服务；电信运营商依托5G网络，为车辆提供联网式辅助驾驶；位置服务公司依托自有地图业务，加快布局高精度地图服务。

随着产业链各个环节逐渐成熟，车联网行业有望迎来产业协同发展新阶段。

从技术创新方面看，汽车正从驾驶员人工操作向电子信息系统控制层面转变。从产业发展方面看，汽车产业发展呈现出智能化、网络化、平台化发展特征，融合趋势明显。从应用创新方面看，汽车将从单纯的交通工具逐步转变为工作单位、家庭之外的"第三空间"。

2020年年初，《智能汽车创新发展战略》正式出台，它标志着车联网在我国进入发展新阶段。按照发展战略预测，预计到2025年，我国标准智能汽车的技术创新、产业生态、基础设施、法规标准、产品监管和网络安全体系将基本形成。实现有条件自动驾驶的智能汽车达到规模化生产，实现高度自动驾驶的智能汽车在特定环境下市场化应用。智能交通系统和智慧城市相关设施建设取得积极进展，车用无线通信网络（LTE-V2X等）实现区域覆盖，新一代车用无线通信网络（5G-V2X）在部分城市、高速公路逐步开展应用,高精度时空基准服务网络实现全覆盖①。

(二)我国产业发展优势

1. 专利申请数量增加

根据业界预测,2020年全球车联网市场有望突破1000亿欧元的规模,中国将占三分之一。我国在车联网专利领域处于领先地位。中国通信学会发布的《车联网知识产权白皮书》显示,截至2019年9月,全球车联网领域专利申请累计达到11.46万件,尤其是2010—2019年期间,年度申请量呈现出逐年增长趋势。我国企业在2015年前后,专利申请速度远超全球平均水平,大量V2X技术和自动驾驶技术创新带动了该领域专利申请量的激增。从地域分布上来看,美国车联网专利占比达到30%,中国紧随其后位居第二,达到25%。在C-V2X领域,我国相关通信技术专利数量位居全球第一,占比达到52%,远超美国、欧洲、日本。

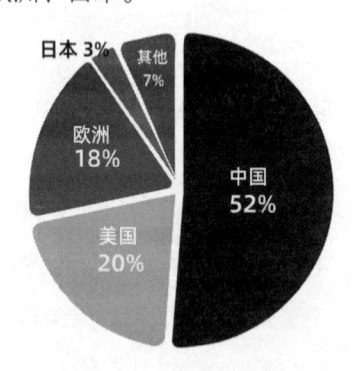

图6-6 C-V2X专利全球地域分布

---

① 关于印发《智能汽车创新发展战略》的通知.国家发展和改革委员会.2020.2.10.

2. 软件定义汽车

车载软件，尤其是车载操作系统，是车辆硬件与软件的重要接口。一方面，环境感知器件、车身控制器件、动力系统、通信网络数据和操作需要车载操作系统进行处理和分配；另一方面，车载操作系统承载着车载娱乐、地图导航、安全驾驶和人机交互等内容。例如，腾讯在2019年正式推出微信车载版，目前已经在广汽、长安、长城等品牌的车型上搭载，陆续上市。过去，用户在车上用手机通话不安全，所以出现了手机连车机蓝牙通话的方式来替代。而腾讯推出微信车载版的初衷也很纯粹：微信已成为用户通信的主流方式，在驾车场景下，需要有一个符合车上使用习惯、比手机更安全的微信方式，满足用户基本的通信需求。所以，微信车载版的设计中，优先保证驾驶员以主视前方主路面成为重点。微信车载版提供基于全语音交互，结合转向盘微信专属按键的方式，避免对用户的视觉和手触精力进行占用，使用户"手不离开转向盘，眼不离开前方路"。

在车载应用方面，2020年6月24日，腾讯发布了全新一代生态车联网产品TAI 3.0。TAI 3.0包含两大车载App——腾讯随行、爱趣听，以及一个云端轻量化的生态开放平台"腾讯小场景"，能为车上生态带来300万量级服务应用扩展空间，丰富车上服务生态。并结合场景感知、LBS能力，为用户带来安全、自然的场景化"服务伴随"。更加值得一提的是，TAI 3.0刷新了行业上车速度，能够适应不同车机系统和硬件平台，对于通过系统和硬件依赖性评估的车辆，该系统两个月就能实现快速上车。

图6-7　TAI 3.0

3. 5G 标准加速车联网落地

随着5G网络的进一步普及与完善，LET－V2X技术正在向5G-V2X演变升级。一般情况下，4G网络的时延约为30毫秒（30毫秒里预计移动大约1米），而5G的时延可能达到1毫秒（1毫秒移动距离预计大约是3厘米），即使一辆汽车的车速达到每小时120千米，5G也足以支撑汽车实现自动驾驶功能。

2020年7月3日，5G新一版全球标准正式对外公布。很多人感到疑惑，5G不是在2019年就已经正式商用了吗？为何2020年5G标准还在公布新的版本呢？事实上，5G的标准不是一次全部制定完成的，而是一个循序渐进的过程，需要不断地完善。2019年商用5G的时候，对应的5G标准是R15，"R"后面对应的就是标准协议的版本，数字越大说明推出的标准越新。R15标准主要针对大带宽，也就是俗称的下载速率快。

R16标准虽然因为疫情的原因推迟几个月正式对外公布，但是它带来的发展空间更大，即针对的是uRLLC，也就是高可靠低时延的领域。这是5G技术应用未来发展潜力最大的领域。在车联网方面，R16协议基本完整实现了5G下的C-V2X功能，包括系统架构、安全、计费、车辆与各类设备连接等各个方面，实现车辆编队、半自动驾驶、外延传感器、远程驾驶等车联网功能。也就是说，随着R16标准的公布，车联网将进入发展的快车道。

在网络切片方面，R16标准中进一步增强了网络切片的功能。通过虚拟化的方式，网络切片可以为不同类型的业务生成虚拟的网络通道，从而实现不同数据在同一个设备商运行的可能，并且数据之间是彼此隔离的，即不同的数据运行在不同的网络切片上。网络切片的好处在于：一方面使得网络与数据更加安全，企业数据可以和其他数据有效隔离；另一方面实现了业务定制化。

还是以车联网为例，它可以同时应用多个网络切片。需要低时延的车辆应急通信可以由一个切片提供服务，需要大带宽的车载高清视频和游戏可以由另一个切片提供服务，从而实现不同的通信需求业务由不同的网络资源来支持，更容易实现业务差异化需求。

4. 营造良好发展环境

在政策制定方面，国家先后出台了《"十三五"现代综合交通运输体系发展规划》《汽车产业中长期发展规划》等应用示范指导文件。在2020年3月份发布的《关于组织实施2020年新型基础设施建设工程（宽带网络和5G领域）》的通知中，基于5G的车路协同车联网大规模验证与应用成为七大5G创新应用提升工程之一。创新工程将鼓励建设C-V2X规模示范网络，验证典型应用场景下的C-V2X车路协同平台功能和交互能力。

在标准制定方面，我国出台了《国家车联网产业标准体系建设指南》，并为车联网应用提供了20MHz的专用频率资源。

在测试落地方面，北京、上海、保定、重庆、深圳等城市先后出台了各地道路测试管理规定。

（三）车联网产业布局

相较于单车智能，V2X增加了路端和云端的部署，能够有效降低单车智能技术的难度。

在路端方面，通过路端设备可以实时获取周围交通情况的数据与信息。这些路况信息能有效弥补单车传感器的探测盲区，并与车辆感知数据相结合，进行精准的分析和研判。在路测装载的感知设备可以降低车端硬件投入，有效解决车载传感器难以实现的超视距、恶劣天气影响等问题，从而保证自动驾驶的安全。目前，各地政府积极开展智能网联示范区的建设工作，并着手改造示范区道路，部署车路协同路侧设备。但受限于投资规模大、进程慢等行业发展客观规律，未来三年仍将是路侧建设的起步阶段。

在云端方面，在自动驾驶车辆本身安装数据处理设备并不现实，自动驾驶系统将海量的数据在边缘侧进行处理，成为自动驾驶技术落地的先决条件。自动驾驶技术通过收集大量数据来训练相关算法，同时支持全局信息存储和共享、互联互通等业务，对自动驾驶车辆实行路径优化。

可以说，车路协同将技术研发企业与基础设施企业、通信设备企业、网络运营商有机地结合到一起，不仅有助于我国自动驾驶的普及落地，也将推动交通强国计划的建设。

目前，国家层面正大力进行基础设施建设。2020年上半年，工业和信息化部发布《关于推动5G加快发展的通知》，提出要促进"5G+车联网"协同发展，明确将车联网纳入国家新型信息基础设施建设工程范畴，促进LTE-V2X规模部署。交通基础设施的智能化改造是一项长期的系统性工程，不仅需要汽车制造企业、通信设备商与运营商、互联网等众多企业与政府不同部门之间充分配合，还需要投入大量资金。以我国高速公路为例，每千米高速公路的智能化改造费用保守估计为100万元，以2019年我国14.26万千米的高速公路规模来测算，预计总体需投入超过1400亿元经费。

五、未来的人车关系

从诞生之日起，汽车就成为改变世界的工具。随着新一代移动通信技术、人工智能技术的发展，汽车与交通系统网联化、智能化的趋势日益明显，汽车作为移动出行服务平台，承载的不仅是人类出行需求，更是对安全、便捷、绿色生活模式的追求。可以预见，人与车的关系也将在这一过程中发生巨大的变化。

（一）汽车发展出现了新的特点

最近几年，我们明显地感受到新的人车关系开始出现。

一是网联化。网联化是未来智慧交通发展的基础，也是当前各大汽车厂商寻求转型发展的重要路径之一。构建更便捷的人机交互、车车交互与车路交互，能够从根本上改变人类出行的选择。

二是共享化。随着共享经济的发展，在交通拥堵和大气污染的背景下，共享出行成为用户外出的优先选择方式之一。这种方式不仅充分利用了人们出行中的碎片化时间，也能够改变人们对汽车产品的使用态度。

三是电动化。新能源驱动着社会对于汽车产品的新定义，从而推动智能网联技术在汽车上的应用，新能源也是智能网联技术发展的重要助推剂。

四是安全化。安全是汽车工业永恒的话题。如何保护驾乘者的个人信息，如何在数据保护和利用中寻找到动态平衡，成为人们关注的焦点。一方面，人与车、人与人之间的安全会随着数据的快速传输和处理变得更加完善可靠。另一方面，数据在流通共享的过程中如何得到合理的保护，也面临着严峻考验。因此，在用户个人信息保护措施更加严格的基础上，提供安全可靠的出行和定制服务成为关键。

（二）用户出现了新特点

在汽车发生翻天覆地变化的同时，人们也在不断提升对汽车的认知与理解。

一是消费升级。人们对汽车的理解在改变，汽车不再是简单的代步工具，更是一种移动家居的场所。因此，人们对汽车的需求开始向多样性、大空间、多功能等方面升级。

二是体验为王。舒适的驾乘体验越来越成为人们对汽车的关注点，比起冰冷的汽车参数，人们更愿意关注其直接感官体验，把汽车当作可靠的伙伴。

三是私人订制。人脸识别、定制化智能语音、专属个人ID，这些私人化定制内容让人与车之间更加有特定的归属感。汽车承载着多种元素，在新一代年轻人心中的定位变得更加多样与丰满。

（三）人与车的新关系

可以说，当前人车关系进入了新阶段。一方面，用户的需求更加丰富和具体；另一方面，汽车的智能化、联网化技术不断普及。

统计数据显示，当前全球网联车数量约为9000万辆，预计在2020年年底将达到3亿辆，到2025年将突破10亿辆。2017年，中国车联网用户规模达到1780万人，已成为全球最重要的车联网市场。无论是产业链参与者还是企业在相关专利上的布局，传统汽车制造商和互联网企业都在积极加强车联网相关技术研发，并加大应用推广方面的投入。

公共出行领域是智慧交通实践的最基础的平台，也是服务用户范围最广的平台。以微信小程序提供的乘车码服务为例，在疫情期间，该服务增加了乘车登记码功能和地铁车厢拥堵情况查询功能，极大便捷了城市管理部门的调度和管理，同时也为疫情的追踪提供了一定的帮助。腾讯已积极与各地政府交通部门建立战略合作，开展交通大数据融合共享，共同构建城市公共交通领域的智慧大脑，为地方政府部门和交通运营方提供覆盖交通管理、决策、服务等方面的全方位交通优化方案，为城市交通规划、公共交通优化提供决策依据，全面推进智慧交通体系建设，助力提升城市运营管理能力。

回顾过去，我们会发现，进化、重塑、变革一直贯穿在汽车发展的历史里。从交通工具到智能化应用，从冰冷的钢铁到舒适的环境，人与车的关系也在不断进化与重塑。

在变化的过程中，有三点却是永恒不变的主题。

一是技术创新与人类需求。技术的发展激发了人类的新需求，这些需求被普遍接受后，又会推动技术和产品的进步。汽车的发明、改进和升级也遵循这样的规律。作为工业革命和信息革命的产物，汽车的发明颠覆了交通运输需要依靠人力或马力的观念，激发了人们的出行需求，从而推动社会结构的重大变革。

二是安全与发展相辅相成。安全与发展是汽车工业的一体两翼。技术创新为汽车工业注入源源不断的动力，车辆安全系数的提升与用户敏感数据的保护管理，为汽车工业的发展提供坚实的保障，由此实现了发展增进安全，安全推动发展的良性互动。

三是理性与感性的认知。技术是理性的，高效、便捷、智能的创新可以丰富汽车的功能与定位。人类是感性的，对于汽车的理解包含了外形、默契程度、情感感知等多个角度，会赋予汽车远高于交通工具的情感力量。

数字技术让每个人、每辆车、每条路都成为"数字节点"，挖掘、发挥数字化价值，成为制胜关键。

第七章

工业互联网——给制造业插上智能翅膀

自"新基建"在2018年12月中央经济工作会议上被首次提出以来,中央和各地方已经密集部署了一系列围绕"新基建"建设的方针和政策。2020年4月20日,国家发展和改革委员会首次明确了"新基建"的范围,工业互联网被纳入新基建七大领域之一。

中央政府的政策部署为工业互联网提供驱动力,工业互联网热度只增不减,逐渐成为制造业变革的重要使能工具和抓手。根据工业互联网产业联盟测算,2017年中国工业互联网直接产业规模约为5700亿元,按照18%的年平均复合增长率来算,预计到2020年年底将达到万亿元规模。

此外,随着新一代信息技术革命在全球制造业的深入,国际工业互联网的发展也呈现出百花齐放的态势,发展格局也逐渐明晰。

一是发达国家加快政策布局。从技术研发、产业生态、金融补贴等方面加速本国制造业的数字化转型进程，美国、德国、法国、日本等工业强国纷纷加大政策布局力度，推进本国的工业互联网产业发展。

二是国际巨头均纷纷布局工业互联网，数字化业务成为其营收的重要板块。凭借工业技术和新兴技术的融合能力，巨头们正在加速工业互联网技术的创新，并且部分巨头通过收购、并购补强自身能力。

三是创新企业表现活跃。创新企业围绕细分领域构建领先优势，加速在热点场景中的技术能力耕耘，提供解决方案。

说了这么多，那么，到底什么是工业互联网呢？它和我们常用的互联网又有什么不同呢？

一、工业互联网的内涵

工业互联网是新一代信息通信技术与工业经济深度融合的全新工业生态、关键基础设施和新型应用模式，通过人、机、物的全面互联，实现全要素、全产业链、全价值链的全面连接，将推动形成全新的工业生产制造和服务体系。

工业互联网能够通过新一代网络基础设施促进工业内外各个要素的连接，以数据为纽带，打通工厂内外、不同生产环节、产业链上下游等，借助人工智能、区块链、大数据等信息技术挖掘工业数据价值，通过数据价值实现降本增效，并且通过孕育生态来催生新应用、新模式。

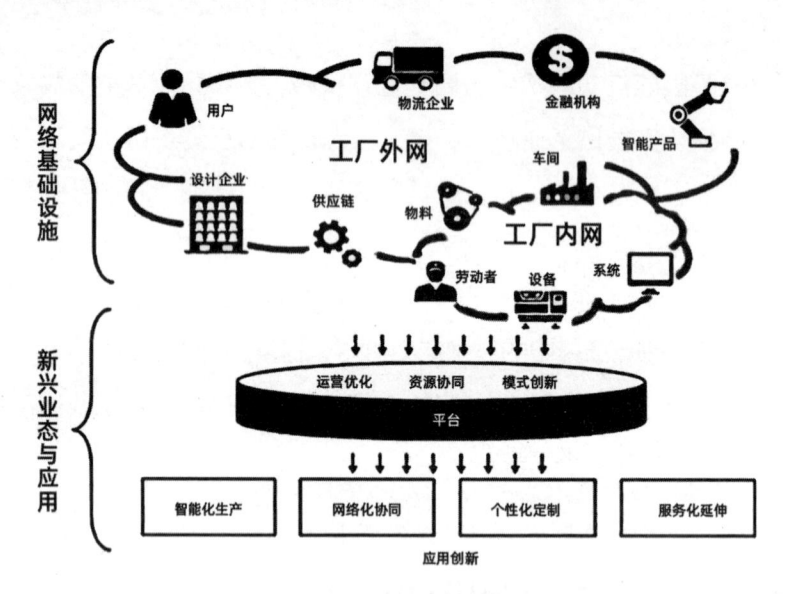

图7-1 工业互联网架构

（数据来源：工业互联网产业联盟）

工业互联网包含网络、平台、安全三大部分。其中，网络是基础，平台是核心，安全是保障。

网络是实现工业要素互联互通的重要基础。一是借助工业互联网网络体系，要实现人、机、料、法、环全面的感知体系，保障数据要素在不同环节的采集。二是借助数据互通体系，实现不同协议、不同网络数据的互联互通操作，从而实现数据要素在不同环节的有效流通和利用。三是利用标识解析体系赋予每一个实体物品（产品、零部件、机器设备等）和虚拟资产（模型、算法、工艺等）唯一的"身份证"，实现全网资源的灵活区分和信息管理，构建工业企业数据流通、信息交互的关键枢纽。

平台是工业全要素链接的枢纽。一是下连工业设备、产品和系统，实现海量数据的汇聚和共享。二是基于平台上的模型、分析工具实现数据的精准分析。三是要借助平台上的开发工具和开发生态实现工业App的开发。四是要接入不同的工业App，构建工业应用生态。

安全是工业互联网健康发展的保障。安全涉及设备安全、控制安全、网络安全、应用安全、数据安全五个方面。通过建立工业互联网安全保障体系，能够有效识别和抵御各类安全威胁，化解多种安全风险，为工业智能化发展保驾护航。

二、工业互联网的由来

随着新一代信息技术加速向传统行业渗透，大数据、人工智能、云计算等技术红利向制造业拓展。当前，工业数字化转型迫在眉睫，需要通过全面的互联体系和数据应用体系加快制造业的转型升级，这就需要完善的网络体系实现人、机器、系统等多类要素的互联互通，保障数据在工厂内外的有序流动，并且需要完善的数据处理体系，保障数据的采集、传输、计算、分析和应用，此外，还需要可靠的安全体系为整个应用升级和创新提供安全保障。

另外，第四次工业革命方兴未艾，驱动制造业从信息化迈向智能化，制造业的研发设计、生产制造、经营管理、售后保障等全环节均需要实现智能化的升级，并且制造业需要借助人工智能、大数据、云计算等新一代信息技术来为工业设备和系统的优化注入创新元素。

由此工业互联网应用而生，为实体经济各个领域的数字化、网络化、智能化转型提供具体的实现方式和推进抓手，为产业变革赋能，成为第四次工业革命的重要基石和关键支撑。

三、全球工业互联网发展格局

放眼全球，各个国家都在角逐这一块新的领地。

（一）美国

美国在工业互联网领域仍保持国际领先地位。从美国的众多企业发展状况来看，GE、PTC、罗克韦尔、思科、IBM、微软等龙头企业正在强化工业互联网的布局。Gartner发布了2019年《工业互联网平台魔力象限》报告，报告指出，在全球范围内满足魔力象限评选标准的有40余家平台厂家，最终入选的有16家，其中，美国占了7家。这7家当中，包含GE、PTC、罗克韦尔等工业巨头，它们围绕自身在设备制造、工业软件、工业自动化等领域的优势，融合信息技术提升自身能力，最终完成转型。

例如，作为以产品全生命周期管理（PLM）起家的企业，PTC自2013年起通过不断并购和战略性收购，逐步建立起一个囊括M2M连接（Axeda）、应用程序支持（Thing Worx）、分析（Cold Light）、增强现实（Vuforia）和工业自动化（Kepware）在内的端到端的工业互联网平台，并将它们统一整合到Thing Worx系统上。

GE在2018年12月宣布投资12亿美元，把包括Predix平台在内的GE Digital部门独立出来，构建GE全资拥有、独立运营的公司，推广工业互联网平台Predix。

另一方面，微软、IBM等IT企业依托自身在云计算、大数据、人工智能等领域的技术优势进军制造业，为制造业企业提供数字化转型中的技术支撑。例如，微软依托自身的IT能力构建互联工厂解决方案，在Azure IoT 互联工厂中引入OPC Twin 以及OPC Vault，为制造业企业提供了支持OPC UA 的数字孪生的功能。

同时，美国的创新企业扎根细分领域，构建特色优势，并且表现活跃。美国近年涌现出一批专注工业互联网技术研发的创新型企业，获得资本市场广泛青睐。

如成立于2012年的初创企业UPTAKE，依托对工业大数据的分析能力，为制造企业提供设备的运维解决方案。其为全球最大的铜生产商之一提供系统性的设备维护解决方案，领先的铜生产商使用Uptake Radar节省了将近2800万美元的维护成本。由于设备可用性的提高，估计可以再处理4000吨铜，同时消除了600多个不必要的维护工作订单。UPTAKE迄今累计获得超过2.5亿美元融资，市场估值高达23亿美元。

　　C3 IoT通过人工智能技术提供设备预测维护、能源管理等智能化应用，获得多家行业巨头及美国政府部门的订单，年收入超5000万美元。来自美国硅谷的Maana打造了Knowledge Platform平台，该平台可以进行设备的预测性维护，并分析市场供需相关数据，为企业产品实时定价。

（二）欧洲各国

　　欧洲各国的工业互联网发展势头良好。以德国、瑞士、法国为代表的欧洲国家，围绕自身的工业优势，加强信息技术在制造领域的布局，不断强化自身的数字化能力，壮大本土的工业互联网产业规模。例如，瑞士ABB公司与IBM进行战略合作，将ABB公司在行业领先的数字产品ABB Ability与IBM Watson of Things认知功能整合在一起，从而为公共事业、工业以及运输和基础设施领域的客户释放新价值。客户将受益于ABB公司在知识领域的深厚积累和数字解决方案的广泛组合，再加上IBM在人工智能和机器学习以及不同行业领域的专业知识。由ABB Ability和Watson支持的前两个联合行业解决方案将为工厂车间和智能电网带来实时认知洞察力。

　　德国西门子公司将工业互联网作为数字化转型的关键杠杆，在《愿景2020+》中明确将数字化工业作为未来三大业务方向之一，在推出Mindsphere平台后，又宣布推出Xcelerator。Xcelerator是软件、服务和应用程序开发平台的集成产品组合，可以满足客户的个性化需求，调整方案以解决客户和行业特定的问题，帮助各种规模的公司成为数字企业。Xcelerator将用于设计、工程和制造的西门子软件的全部产品组合与扩展的Mendix低代码、多经验应用开发平台结合在一起。Mendix平台现在包括由MindSphere®提供支持的数字工程和物联网（IoT）的云以及应用程序服务，MindSphere®是西门子的基于云的开放式IoT操作系统。此外，Mendix拥有市场领先的统一低代码和无代码开发环境。该平台是Xcelerator独有的，可使生态系统中的任何人轻松地构建、集成和扩展其现有数据和系统。

法国施耐德推出EcoStruxure平台，该平台是施耐德电气研发的基于物联网的开放式架构与平台，即插即用，且具有互操作性，可以应用于楼宇、数据中心、工业和基础设施四大终端市场中的各行各业。平台功能包含从互联互通的产品到边缘控制再到应用、分析与服务等方面，创新无处不在。

（三）亚洲各国

亚洲各国的工业互联网产业也进入了发展的快车道。随着日本、韩国的积极部署，以及中国、印度等国大规模工业化进程所带来的广阔市场空间，亚洲工业互联网当前增速位居世界前列，而且在未来发展的潜力更为强劲。日本围绕自动化产业的优势，积极布局工业互联网。例如，日立推出lumada平台，通过开放式、自适型的软件架构，可加速IoT解决方案的开发，并为日立的客户与合作伙伴提供客制化与协同开发所需的灵活支持。此外，三菱电机、欧姆龙、日本NEC、IBM、甲骨文等公司合作成立了"Edgecross联盟"，跨越企业和行业之间的界限，实现工厂自动化与IT之间的协作。

我国工业互联网快速发展。

在网络方面，5G与工业互联网加速融合、在设备远程运维、制造过程精准控制、无人巡检、辅助装配等多个场景形成典型应用。工业互联网标识解析体系逐渐成熟，我国已经建成北京、上海、广州、重庆、武汉五个顶级节点，在22个省份以及28个行业建成75个标识解析二级节点，接入企业超过6000家，标识解析注册量近73亿。

在平台方面，十大双跨平台平均连接设备数量达到80万套，平均工业App数量超过3500个，并且在工业模型、工业微服务等方面发展迅速，形成设备运维、质量检测、供应链优化、安全生产、工艺优化、金融租赁等多类平台应用场景。

在安全方面，根据工业和信息化部数据测算，我国工业互联网安全产业存量规模已经由2017年的13.4亿元增长至2019年的27.2亿元，年复合增长率高达42.3%，并且形成工业资产安全、业务安全、生产安全等多类安全解决方案。

四、工业互联网怎么用

工业互联网作为制造业数字化转型的重要支撑,其应用贯穿研发设计、生产制造、经营管理、售后服务等所有环节,在质量检测、供应链优化、设备智能运维、智能营销、安全生产和管理优化等场景较为成熟。

(一)质量检测

质量管理是提高产品良品率的重要一环,据统计,我国每天有超过350万名工人在生产线上进行产品外观检查的工作,而工人的检测方法都是围绕自身的经验和相关的仪器进行判断,这种方式不仅需要花费大量的人力与时间,而且其可靠性、准确性都有待提升。

随着工业互联网应用在制造业的程度不断加深,基于工业互联网技术的质量检测任务在部分行业能够让机器代替人工,通过对产品数据的精准采集和深度分析,实现自动化的质量检测。这样一来,不仅能够节省人工成本,缩短检测时间,还能提高检测效率和准确率。例如,在复杂质量(缺陷)检测场景中,利用基于深度学习的解决方案代替人工进行特征提取,能够在环境频繁变化的条件下检测出更微小、更复杂的产品缺陷,提升检测效率。

以一个案例为例。

基于人工智能技术的面板行业自动缺陷分类系统的诞生具有其行业痛点。

液晶面板的生产制程中，受环境、工艺、设备等因素影响，会在不同制程段产生多种缺陷。各制程段AOI设备会锁定缺陷进行拍照，但是AOI无法对缺陷进行自动分类。

过往的做法是由人工根据规则和经验对缺陷进行分类判定，然后再根据缺陷类型，决定该片玻璃是送去返工、重制还是报废，这种做法目前存在诸多问题。

以华星光电为例，在该企业的当前量产下，每个工厂都有缺陷判定站点超过20个，每个站点每天判定的图片量为1~2万张，采用人工分类的方式会造成以下几类问题。

一是生产周期增加，图片数量巨大且人工判定耗时较长。

二是人力成本高，培训周期长，人员流动性大。企业需要雇佣大量人员，经过系统培训后，以7×24小时轮班工作制度配合生产流程。工人的工作内容单调重复，这使得员工们的工作稳定性差。导致培训成本与用人成效比例失调，浪费了企业的财力、精力。

三是人工检测的一致性低、误判率高。人工判定的准确率易受个人经验和状态影响，难以做到统一，这导致检测准确率低。

四是工作效率难以保障。人工抽检无法覆盖全部产品的缺陷图片，只能采用抽检方式，容易出现漏判。

为了解决以上的问题和痛点，腾讯和格创东智在华星光电合作建立了一套自动缺陷分类系统（简称ADC）。此方案将分割、分类、图像比对等人工智能算法与AOI设备结合，对各制程、多种类的缺陷图片进行学习训练及建模，开发出具备自主学习能力的检测模型，实现无间断、高精准的缺陷自主检查判定功能。并通过导入自动缺陷分类系统，预期帮助华星光电降低该制程60%的生产周期，代替70%的判别人力投入，提升缺陷分类准确率及覆盖率。

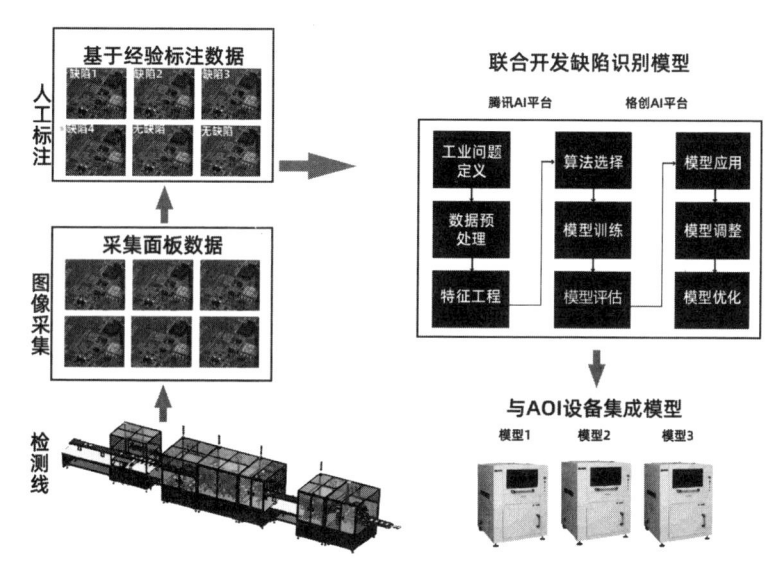

图7-2 实施架构

在数据的采集和标注方面，依托原有的质检图片采集系统，收集面板缺陷检测数据，并根据原有的专家经验对各类缺陷进行标注。在模型的开发方面，基于腾讯的TI-Insight和格创东智的建模平台，进行特征提取，并通过各类算法进行模型训练。将开发的模型与AOI设备进行集成，将模型在边缘侧进行部署，并通过云端及时进行校正。在部署实施方面，基于GPU集群，将各类模型基于容器环境进行部署实施。

本项目提供了面向半导体、PCB、3C等行业的品质检测环节的自动、精准、全面缺陷识别（ADC），整个ADC系统包含三大组成部分——消息对接模块、分类计算模块和模型管理模块。

消息对接模块与生产执行系统对接，实时获取检测消息与图片，分析检测内容，生成检测任务，并将任务发送给后端的分类计算模块。最终将结果保存在本地数据库中，并同时反馈给生产执行系统。

分类计算模块根据消息对接系统产生的检测任务，调用底层的缺陷检测模型，完成缺陷检测，并且将检测结果实时返馈给消息对接模块。

模型管理模块为模型管理员、系统管理员和模型开发人员搭建了一个开发调试环境，方便后期针对新产品、新工艺、新缺陷类型进行模型扩展以及自训。同时，生产线可以利用该模块实时监控系统及模型的效率，预警因为准确率下降而导致的分类错误。

目前，此方案已在3个工厂、50个检测站点进行部署，每天能够实现对超过100万张的质量图片进行分类检测，取得良好的项目效果。

一是检测准确率提升、覆盖面变广。缺陷分类站点实现70%以上覆盖率、90%以上准确率，替代了对应比例的人力投入，并随着训练数据量的积累，覆盖率与准确率都在逐步提升。二是异常拦截提前。系统可以快速完成AOI拍摄缺陷照片的判别，异常拦截提早1~2小时。三是缩短生产周期，检测站点生产周期缩短60%。四是由人工转向自动化。结合高效的质量检测系统，实现了自动判等、自动开单、异常自动报警、自动拦货等功能。五是经济效益可观。仅当前项目范围即可实现人力效益每年超千万人民币，联动潜在效益每年超过300万元人民币。

（二）供应链优化

工业互联网的应用能够实现工业全要素和全价值链的连接，而在很多行业，供应链上下游的数据对接、信息共享等问题都会限制供应链的敏捷响应速度、供应链的整合优化等。

工业互联网的应用能够借助RFID、标识解析等产品电子标识技术、物联网技术以及大数据、人工智能等技术，实现供应链上下游数据的全面采集和应用，并能实现上下游需求的及时对接和共享，从而帮助改善库存管理、销售与分销流程的效率，以及对设备的连续监控。

玲珑轮胎作为目前中国规模较大的轮胎生产企业之一，预计到2030年，轮胎产销量可以突破1.6亿条，实现销售收入超800亿元，产能规模进入同类企业世界前5名。

为了实现这一战略目标，该公司正全面推进数字化和智能化转型。玲珑轮胎在中国的第5个生产基地、全球第7个生产基地——吉林玲珑1420万条轮胎智能生产项目也正式启动。

然而，传统轮胎行业链条复杂，上下游信息没有实现互通，缺乏产业链各环节的大数据积累，严重影响应急过程中的供需精准匹配。同时，轮胎行业由于其经销商渠道为王的特性，导致行业生产者无法实现全链路的数据汇聚、协同和运营。

针对以上痛点，腾讯、玲珑、格创从玲珑轮胎企业生产、管理及营销全过程优化出发，把数字化推进到研发、生产、营销、售后、服务等环节，打通产业链上下游企业数据通道，实现硬件、软件与服务三位一体的生态化能力。

共同打造数据中台，为玲珑轮胎生产制造提供实时多维度、可视化的数据支持，提升内部效率、对外服务能力和跨行业协同率，助力玲珑提升决策智能化水平，尽快完成智能制造产业升级，更好地开拓中高端市场，打造国际化品牌形象。

（三）设备智能运维

设备作为制造企业的重要资产，合理的运维是保障生产连续性和生产成本的重要手段。根据德勤数据，不合理的维护策略会导致工厂产能降低5%~20%，工业企业由意外停机造成的损失高达每年500亿美元。

工业互联网对数据的采集和分析能力为设备的运维提供智能化的发展路径。对设备运行数据的全面采集和分析利用，能够实现对设备故障的监测、识别、诊断和预测，从而实现对设备的智能运维，提升设备的利用率，降低设备的运维成本。

三一重工股份有限公司是中国最大、全球第5名的工程机械制造商，也是世界最大的混凝土机械制造商。三一重工先后投入超过10

亿元人民币布局大数据产业，并成立树根互联技术有限公司，携手腾讯云打造了"根云"大数据平台。

客户需求与痛点主要有以下几个方面。一是备件库存具有极大压力。由于无法预知设备的损坏时间，导致企业管理者无法准确预测设备替代需求，致使备件的库存居高不下。二是设备运行状态无法监控。在不能准确了解设备运行状态的情况下，设备计划外的宕机占比较高。三是设备使用门槛高。大型重工设备价值高，施工有需求，但是买不起。

针对这些问题，腾讯与三一重工深度合作，结合双方的优势能力，采用腾讯工业云平台打造工业互联网云，共同为细分行业进行赋能、创新和转型。目前，该平台已经接入能源设备、纺织设备、专用车辆、港口机械、农用机械及工程机械等各类高价值设备30万台以上，采集近万个参数，连接价值数千亿人民币的资产。

在腾讯云的技术支持下，总共积累1000多亿条工程机械大数据，让机器故障维修小组2小时内可以抵达现场，24小时内完成维修，同时使易损件备件呆滞库存低于同行业40%以上，每年直接为下游经销商降低备件库存成本超过3亿元人民币。

完成自有租、赁、售后的所有工程设备资产的数据全接入，覆盖国内和国外的所有作业区，提供7×24小时的数据分享和管理服务。同时，完成工业互联网的大数据平台建设，提供流计算、存储、可视化等服务，并且迁移和部署已有的预测性维护和设备资产管理系统。

（四）智能营销

智慧零售行业正在发展营销新模式，通过应用大数据技术，对市场趋势、商品流通、零售经营中存在的深层问题进行挖掘和分析，提升零售商品在市场运行的调控水平，从而推进实体零售的创新转型，并通过重构"人、货、场"等商业要素形成新的商业业态。线下与线上零售的深度融合，使得企业内部与企业间的流通损耗无限逼近于"零"，进而重塑价值链。

某著名酒类企业在市场推广中缺少数字化场景，数据缺乏集中性和完整性，数据难以利用。在运营过程中，该企业缺乏业务和数据平台以及前端工具的支撑。另外，运营场景没有形成跨场景的持续关联。

该企业急需重新认知消费者的需求，通过革新的营销方式完成产品升级和渠道重塑。

一是消费者触达手段少，营销方式与内容形式单一，千人一面。二是零售营销活动规划主要靠经验，无数据支持决策。三是营销公众号扫码积累用户，会员运营无分层分级，缺乏精细化运营的数据基础与管理工具，会员转化率低。四是缺乏零售户订单及位置数据，无法与用户属性进行对应。五是积累了海量扫码数据，但不能洞察用户需求，无法开展新品开发的指导和活动优化。

腾讯工企营销以海量的消费者信息及位置服务数据等B端与C端数据为基础，通过对零售户周边商圈、零售户订单销量及消费者数据的研究洞察，利用用户分群等算法，构建包含从营销支撑、用户数据管理、消费数据采集到业务应用的工企精准营销数据服务。同时，通过腾讯优码、小程序、企业微信等腾讯系生态，结合第三方服务，使用户可以在公有云、私有云及混合云上构建消费者营销数据资产平台，为营销决策提供数据支撑。

基于对海量消费者、零售户等数据的整合与洞察，腾讯生态构建的前端交互有效推动了该企业营销业务平台的建设，为企业的获客与运营提供稳定支持，进一步提升其数字化水平，提升会员触达程度及转化率。为企业整体打造了获客与运营体系的闭环，构建场景、消费者和渠道的数字化建设。

（五）工业信息安全

伴随着工业互联网的推进，企业面临着相比传统信息安全更多的安全挑战，其基本要求扩增了云计算、移动互联、物联网、工业控制系统和大数据应用场景等。同时，越来越多的企业开始将重要的业务系统部署在云平台，但苦于缺少足够的人力、财力和时间来开展合规的建设与整改，转型仍然面临一定困难。面对国家监管和行业要求，新形态的信息系统让IT部门和风险部门难寻合规思路，企业的云上信息系统急需获得更加坚实的风险合规保障。

某央企的成员企业众多，应用分散，原有安全方案不能满足系统需求，具有诸多弊端。一是原有身份安全管理产品较"重"，需部署诸多捆绑组件，配置大量资源；二是原平台架构复杂度高，运维难度大，维护成本高；三是企业需要大量采购实施方的服务来进行咨询和实施，费用较高且耗时；四是原厂商在人员配置上的售前工程师和销售偏多，许多问题不能及时解决。

腾讯云天御企业身份安全认证解决方案为该央企重新搭建平台，包括权限、用户、访问和合规管理，提供内外用户全生命周期管理和用户数据供给服务。将该系统接入企业总部及下属企业应用，实现单点及统一认证，针对用户提供自助服务。

同时，整合腾讯云安全解决方案，面对工业互联网安全新挑战，结合其业务端安全架构和腾讯云端全链路安全能力，为该企业打造了高度安全的纵深防护体系，为企业的用户数据和平台运行提供全方位的安全保障。

系统通过统一入口，连接到所有应用。根据角色权限，在统一入口提供所有应用。在统一身份管理控制台完成对用户的账号、权限、风险识别规则等配置。覆盖180多万个内外包用户，在其170家下属企业推广，有6000余个应用接入。

（六）安全生产和管理优化

在注重连续性生产的流程性行业中，保障生产过程的安全性和持续性是行业的核心主题。目前，在生产现场的生产巡检、装置操作和设备检维修均采用自动化先进的方式，但在实施过程中存在执行不到位、信息不准确、制度未落地等问题，给安全生产带来了隐患。具体表现为：作业处理和审批效率低，管理信息无法有效传递；缺乏对人员的定位管控，作业人员脱岗串岗管理难；缺乏对工作过程的有效监管，工作质量标准难以评估；缺乏对工作过程的及时反馈，工作效果难以有效评价；现场发生异常时，无法直接快速地对现场作业进行指导；纸质作业繁杂耗时，记录难以辨认，且数据无法有效分析。

针对上述问题，工业互联网可以通过二维码等技术实现基础信息的精准采集，并且借助互联网平台打通数据体系，实现数据的有序流动，从而优化设备故障的报送和维修流程，并且实现数字化办公。

某企业是中国最大的内燃机生产企业，该公司的企业微信不仅使客户内部沟通效率得到了大幅提高，更在生产领域提供助力。该企业生产线上每台设备贴有二维码，包含设备的地理位置等信息。一线员工在操作过程中发现设备故障时，可以用企业微信扫描设备二维码，用文字、图片或语音描述故障内容上传至后台。一线员工的故障报修会同步至维修中心大屏上，维修中心员工通过屏幕抢单，根据一线操作员工上传的故障信息携带相应工具去现场进行维护。身边工具不够时，维修员工也可以通过企业微信一键呼叫仓库调用工具。

在使用这个系统之前，该企业的设备故障往往需要操作工班长、装配工班长介入协调，而一台设备的故障会影响整条生产线的运转。在使用企业微信后，故障和维修中间只有一个环节，员工不必再来回往返于车间和仓库。企业微信解决了传统作业方式中维修流程偏长、部分员工消极怠工、责任相互推诿等问题。

企业微信不仅可以准确记录故障时间和维修时间，还会根据员工抢单数量和维修成果记录奖励来调动员工积极性。

工企微信针对工业现场的应用需求，利用现代化的信息技术，创新出了新的企业管理模式，打造出一站式移动应用平台。该平台可以结合腾讯企业微信丰富的API接口、SDK和Native客户端的能力，将企业的生产现场相关的业务应用集成到企业微信中，实现与企业内部系统的无缝结合。通过使用安装企业微信的移动互联设备，现场作业人员和业务管理人员可以有效地推动生产现场安全、合规、高效、持续地运行。

高效协同沟通平台采用创新的沟通协作方式，管理信息及时通知，作业处理和流程审批能够随时随地完成，为用户提供高效快速的办公体验；作业人员管理平台能够对不同区域进行权限划分，实时查看作业人员定位情况，有效确保人员不脱岗离岗，不违规进入权限范围以外的地方；巡检智能监管平台实时记录巡检区域、路线、完成情况等指标，提供完整、周密的管理考核模式，针对人员固定位置进行巡查监督工作，规避隐患；现场作业管理平台建立电子化无纸业务流程，现场作业信息实时通过移动端上传汇总，让管理者更加及时、全面地了解现场情况，从而做出准确的分析决策。

该系统使得企业可以迅速排除设备故障，保障产能。以前，设备故障的报修需负责人电话报障，再经过多个关键人员同完成纸质维修单录入，处理效率低下，耽误生产计划。现在，通过"设备维修"功能，员工报障时扫描设备二维码即可提交工单，维修工人即时抢单，维修效率得到大幅提高。

同时，利用该平台，执行情况易汇总，数据获取更及时。以前，制造事业部各级管理者如需了解下级员工执行进度，常通过Excel进行情况汇总，管理层获取信息滞后，员工操作也不够便利。现在，管理者可通过"工作计划"功能在企业微信导入计划模板，员工在手机上填写情况后，系统将实时汇总与同步，提高了工作效率。

五、工业互联网的展望

当前，全球工业互联网正处于技术、应用、生态加速成熟的关键时期，推动工业体系与新一代信息技术加速融合，工业智能、工业大数据、工业App等热点领域创新不断，逐渐成为制造业转型升级的关键工具箱。以工业企业、通信企业、互联网企业、创新企业、科研院所等组成的工业互联网生态体系逐渐成形，将催生各类新模式和新业态。

但是，我国工业互联网产业发展情况也存在一些问题。

一是企业的信息化水平参差不齐，导致工业互联网的应用基础不强，放慢了工业互联网在不同行业的应用。

二是工业互联网应用供给能力有待提升。目前工业互联网虽然在多个行业进行落地，但是其场景主要还是聚焦设备运维、质量检测等环节，而对研发设计、工艺优化等其他环节的提升能力还有待增强。

三是工业互联网人才体系还需进一步完善，工业互联网的发展需要复合型的人才，但是目前既懂工业又懂信息技术的人才比较缺乏，这也限制了工业互联网的发展速度。

四是需要加大资金投入。工业互联网是一项长期性、系统性的工程，其价值的显现需要进行长期的投资和运营，这就需要先期投入大量的资金。

未来，等待中国技术人才在工业互联网领域迎接的挑战还远不止于此，同时，工业互联网的发展空间也会不断拓展。

第八章

数据中心——新基建的新基建

一、数据中心的发源地——机房

互联网的发展史并不长,诞生至今仅50多年,但是互联网却在半个世纪的时间里一直不断进化,比如从窄带互联网到宽带互联网,从固定互联网到移动互联网,从消费互联网到产业互联网。随着技术的进步,互联网已经从主要为通信服务的网络,演变成主要为内容服务的网络。

世界上第一台计算机——ENIAC,在1946年被研发出来,这台计算机足足有30吨重,占地150平方米。也就是说,自从有了计算机,马上就需要一个叫作"机房"的地方来放置计算机的相关设备。

图8-1 ENIAC

在当时，计算机并不普及，更不能像现在这样把计算机搬到家里，就只好去机房使用，按小时购买服务。如同离线版"云计算"。随着计算机进一步普及化，家用计算机成为主流，很少有人会去机房使用计算机了，传统机房就此没落，成为学校或者企业堆放计算机和数据存储设备的物理空间[①]。

然而，互联网的发展，尤其是移动互联网的快速普及，让机房有了新的生机。互联网不再以通信为主，而是更加注重内容联网，服务器从通信服务的配角变成内容服务的主角。地位的上升，也让为服务器提供服务的场所——数据中心越来越重要。

---

① 何宝宏.何所思：为何新基建把数据中心与5G并列.2020.3.28

互联网的发展，有两个领域的创新高度集中。一个是用户侧的终端，包括智能手机、物联网终端设备等；另一个是服务侧终端，包括服务器、数据中心和云计算等。两者基本处于对等关系。用户侧的终端是小号互联网终端，服务侧的终端是大号互联网终端。5G网络可以让用户更好、更快地接入互联网。但实际上，数据中心才是真正为用户提供服务的终端。

数据中心，简单讲就是集中放置企业计算机系统、通信设备和存储设备的基础设施。企业的数据在数据中心里进行计算、存储和传输。通过各种智能终端和通信网络，我们每天都在和数据中心发生无数次连接。无论信息通信技术如何创新，数据的存储、计算、传输和分析等环节，都离不开数据中心的加持。

房子是用来住的，但不一定是给人住的。数据中心就是让服务器居住的"房子"。鉴于它的重要地位，相信数据中心将成为5G之后新的技术创新领域。

二、海量数据成就数据中心发展

数据是数字经济发展的关键生产要素，我国数字经济发展离不开海量数据的支撑。互联网基础设施的完善和内容的丰富是互联网网民剧增的主要推动因素，上网人数的剧增又反过来对互联网基础设施和内容提出了更高的要求。

工业和信息化部统计数据显示,2020年前三个季度,移动互联网累计流量达1184亿GB,同比增长33.5%。其中,通过手机上网的流量达到1127亿GB,同比增长27.6%,占移动互联网总流量的95.2%。9月当月户均移动互联网接入流量(DOU)达到10.86GB/户。根据IDC统计分析,预计到2025年,全球和中国的数据规模将分别达到175ZB、48.6ZB(1ZB=1万亿GB)。数字经济的快速发展催生了海量数据需求,数据中心应运而生,成为数据集中计算、传输、存储的"图书馆"[①]。

图8-2 腾讯数据中心

---

① 连一席.郭双桃.数据中心:新基建,数字经济新机遇.泽平宏观.2020.6.15

可以说，数据中心很早就成为我们网络生活的一部分。如果说云计算是互联网产业的基础，那么数据中心就是云计算的基础。在整个互联网产业中，数据中心是基础中的基础，为各种互联网服务提供支撑。数据中心更加直观地体现了"新基建"中"基建+科技"的内涵。

三、数据中心发展基本情况

数据中心可以是企业亲自建设，也可以是租用其他企业的场地来存放自己的设备或者数据。那些只提供场地和机柜的数据中心，一般叫作DC（Data Center），而同时能够提供宽带服务的叫作IDC（Internet Data Center），不过现在已经不做严格的区分了。

2013年的时候，工业和信息化部对数据中心的规模进行了界定。其中，超大型数据中心是指规模大于等于10000个标准机架的数据中心；大型数据中心是指规模大于等于3000个标准机架小于10000个标准机架的数据中心；中小型数据中心是指规模小于3000个标准机架的数据中心。截至2017年年底，我国在用数据中心的机架总规模达到了166万架，与2016年年底相比增长了33.4%。超大型数据中心共计36个，机架规模达到28.3万架。大型数据中心共计166个，机架规模达到54.5万架，大型、超大型数据中心的规模增速达到68%。

2019年2月,工业和信息化部等三个部门发布《关于加强绿色数据中心建设的指导意见》。文件指出,到2022年,预计我国数据中心平均能耗基本可以达到国际先进水平。电能利用效率(Power Usage Effectiveness,PUE)是由绿色网格组织(The Green Grid,TGG)于2007年提出的用来评价数据中心能效比的一个指标,目前在国内外数据中心行业中被广泛使用。

电能利用效率=数据中心总能耗/IT设备总能耗
(数据中心总能耗= IT设备总能耗+制冷用电能耗+供配电损耗+办公照明等能耗)

IT设备主要包括服务器、存储器、网络交换机等设备。由此可以看出,PUE是一个大于1的值,当PUE越接近于1时(即数据中心总设备能耗越接近于IT设备的能耗),说明该数据中心的节能水平越高,绿色程度越高[1]。目前,全国数据中心能效水平进一步提升,在用超大型数据中心平均PUE为1.63,大型数据中心平均PUE为1.54。其中,2013年后投产的大型、超大型数据中心平均PUE低于1.5。全国规划在建数据中心平均设计PUE为1.5左右,超大型、大型数据中心平均设计PUE分别为1.41和1.48[2]。

数据中心节能技术也是腾讯数据中心多年来技术发展的重要组

---

① 带着枷锁跳舞——关于PUE您需要知道的事儿.腾讯数据中心.2020.8.7
② 全国数据中心应用发展指引(2018).工业和信息化部.2019.5.10

成部分。经过腾讯四代数据中心技术的发展，年均设计PUE从2000年的1.7逐步降低到了2020年的1.15～1.25。2020年7月3日，腾讯云清远云数据中心开服，该数据中心部署了腾讯最新一代T-Block数据中心解决方案。在绿色节能方面采用了包括间接蒸发冷却、HVDC+市电直供、冷热通道隔离、优化气流组织、太阳能供电、腾讯智维自动化运维等多种节能技术和系统方案，充分利用自然冷源，减小供配电系统损耗，数据中心整体设计PUE低于1.25，达到华南地区数据中心PUE领先水平。

根据研究机构分析，截至2019年6月底，全国互联网数据中心业务持证企业共3210家，其中，跨地区企业2153家，占比67.1%。数据中心业务持证企业主要集中在北京、广东、上海、浙江地区[1]。预计到2021年，中国IDC业务的市场规模将达到2769.6亿元人民币，增速超过30%。

从业务分部来看，以网络视频、电子商务、网络游戏为代表的互联网行业仍占据中国数据中心主要市场份额，而随着信息化转型加快，以金融、制造等为代表的传统行业的市场份额将逐年扩大。工业互联网、物联网技术的发展使得部分制造企业连接互联网实现精准生产，催生大量数据处理需求，推动数据中心需求规模增长[2]。

数据中心的发展和创新，与全球信息通信技术产业密不可分。回顾历史，我们会发现，全球信息通信技术发展大致经历了五个阶

---

[1] 以创新应对变革！看数据中心如何提速助力"新基建".2020.4.28
[2] 2019—2020年中国IDC产业发展研究报告.科智咨询.2020.3

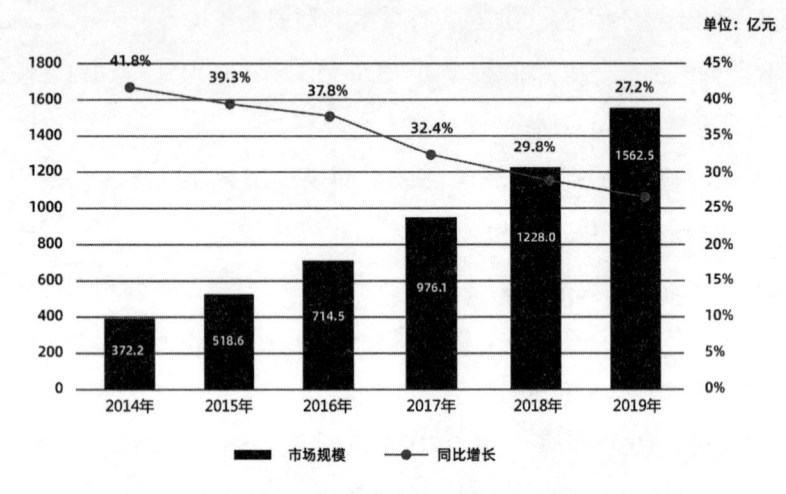

图8-3 中国2014—2019年IDC业务市场规模及增速

(数据来源:科智咨询)

段。第一个阶段以电报、电话为代表;第二个阶段以台式计算机为代表;第三个阶段以互联网为代表;第四个阶段以云计算、大数据为代表;第五个阶段以产业互联网为代表。而数据中心是在以计算机为代表的第二个阶段出现的,即20世纪90年代开始出现,数据中心发展到目前为止经历了三个发展时代。

第一个时代主要是20世纪90年代,数据中心代替"机房",成为一个专有名词,开始获得业内关注。总的来看,这一时期的数据中心是把服务器放在一个单独房间里,通过基本的设备布线、连接、分层设计成为当时数据中心最早期的雏形。这一时期,数据中心的核心能力主要聚焦在主机托管。场地、电力、网络带宽、通信设备等基础资源和设施的托管成为当时数据中心的主要功能。由于电信运营商在场地和带宽方面的优势，这一时期数据中心的服务多由电信运营商提供。

第二个时代主要集中在1995—2004年期间，互联网的快速兴起和普及对数据中心市场产生了巨大影响。这一时期，企业在部署IT设备时，网络连接成为主要选择。因此，数据中心在主机托管的基础上又增加了数据管理和网站托管的功能。具体来看，这一时期的数据中心主要包含主机托管、数据存储管理、安全管理、网络连接、出口带宽的网络选择等服务。与此同时，数据中心的建设要比之前更加专业，维护成本也在不断上升。

第三个时代主要是2005年至今，数据中心在原有业务的基础上增加了多种类型的网络应用，这一时期的数据中心具有虚拟化、综合化、按需提供服务的特征，成为这个时代的核心亮点。数据中心可以有效降低能耗也成为业内关注的焦点。为进一步降低能耗，数据中心逐步开始采用循环能源技术，包括风能、太阳能等，来支持数据中心的日常运营，实现节能的目的。

总的来看，早期的数据中心功能比较单一，但随着互联网以及移动互联网的发展，用户需求和技术变革进一步推动数据中心服务形态的进化。尤其是近年来，用户数据量呈指数级增长，相关业务也更加丰富多样，用户的生产生活与网络紧密结合在一起，因此对数据中心的建设提出的标准更加严格，数据中心的标准性、稳定性、节能性和高密度性成为衡量一个数据中心的关键指标。同时，数据中心能力的虚拟化、综合化成为新的发展趋势，尤其是5G快速普及和产业互联网的发展，为大型数据中心快速增长提供了主要驱动力。

四、数据中心建设的参与者

数据中心的建设者，在初期是以电信运营商为主，但随着业内越来越意识到数据中心的重要性，目前独立第三方、大型互联网企业也加入数据中心的建设行列中来。三者拥有不同的优势：一是电信运营商由于业务关系，较早布局数据中心建设，机房分布广泛并且深入县级以下地区，网络与机房资源非常丰富，同时在宽带资源上处于垄断地位，资金雄厚。二是独立第三方由于在数据中心产业链上专注于建设和运维，因此建设速度较快，服务灵活，形成一定的优势壁垒。三是互联网企业，由于互联网企业用户数量大、海量应用带来数据量指数增长，因此可以结合自身使用数据中心的实际情况，进行统一规划、设计，并做到业务虚拟化、云化处理。这三者也可以进行合理互动。一方面，电信运营商可以出租带宽和场地给独立第三方、互联网企业使用，同时自身也可以直接将业务赋能用户。另一方面，独立第三方可以协助电信运营商、互联网企业进行数据中心建设和代运维。三者在数据中心的发展建设中拥有各自不同的比较优势，既有合作又有竞争。

市场份额方面，数据中心市场份额在全球和国内略有不同。从全球角度来看，全球数据中心市场以独立第三方为主，但格局较为分散。目前，美国Equinix公司市场份额第一，但仅占据全球市场约15%的份额。中国电信在全球数据中心的市场份额位居第五名，占比约为3%。随着电信运营商逐步退出数据中心市场，数据中心行业并购数量逐年递增，预计市场集中度将进一步提升。

从国内市场来看，电信运营商凭借网络带宽和机房资源优势，目前占据国内数据中心市场份额的65%。但随着独立第三方在核心城市加快布局，有效满足了核心城市对数据中心的需求。坚守一线城市一方面是由于大部分互联网公司在核心一线城市布局，有大量的时效性高的数据处理需求，在一线城市布局数据中心可以降低时延；另一方面可以与用户近距离互动、运维，也方便吸纳高端人才。相关统计数据显示，一线城市数据中心已经处于相对饱和的状态，售卖率、上架率分别为85%、70%。其他竞争对手可拓展市场空间有限。

数据中心由于涉及大量基础设施建设，因此具有IT和房地产双重属性。总的来看，数据中心从场地建设到软件架构涉及四个层次，即场地层、设施层、IT硬件层、IT软件层。机房建设、电力设备、制冷设备、机柜、服务器、交换机、路由器、光模块操作系统、虚拟软件等，这些环节都属于底层。随着层次的上升，数据中心的地产属性会逐步减弱，而IT属性会逐渐增强。

图8-4 数据中心基础设施

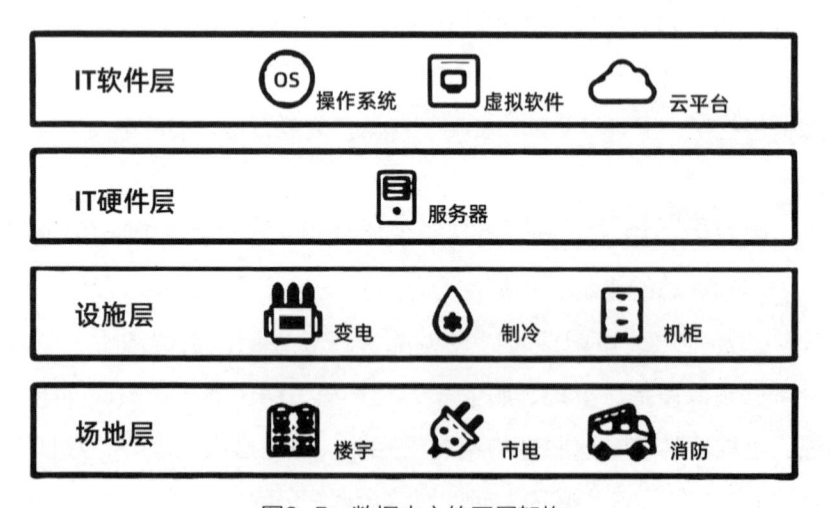

IT软件层	操作系统　虚拟软件　云平台
IT硬件层	服务器
设施层	变电　制冷　机柜
场地层	楼宇　市电　消防

图8-5 数据中心的四层架构

（数据来源：艾瑞咨询研究院自主研究）

五、促进数据中心发展的要素

移动互联网推动用户数量快速增长。中国网民规模在2011年的时候仅为5.1亿人，截至2020年3月底，我国网民规模突破9.04亿人，互联网普及率达到64.5%，庞大的网民规模构成了中国蓬勃发展的消费市场，也为数据中心快速发展打下了坚实的用户基础。同时，我国移动互联网用户流量增长成为数据量增长的主要因素，也为互联网基础设施数据中心带来巨大红利。

云计算、人工智能推送数据存储与分析。随着云计算、大数据和人工智能技术的进一步普及，数据作为经济社会发展的重要资产，越来越受到重视。过往用完即弃的数据，以及大量非结构化、半结构化数据可以得到有效地存储和深入分析。数据的深度挖掘和分析，可以进一步优化设计、生产、运输、销售等诸多环节，有效发挥数据的价值。

同时，当前人工智能对于算力的需求早已超过了通用CPU摩尔定律发展，以GPU、FPGA、ASIC为代表的异构计算成为方向和趋势，异构计算已在一些大型企业自建的数据中心中崭露头角[1]。另外，SSD、NVMe等存储技术落地，100G、400G光模块等网络技术普及，都提供了更为基础的保证，这些要素共同促进了计算、存储和传输的数据进一步增加[2]。

---

[1] 云计算发展白皮书.中国信息通信研究院.2019
[2] 中国数据中心行业发展洞察.艾瑞咨询.2020

5G推动万物互联，数据处于爆发增长前夜。5G时代，海量物联网终端将加快连接到网络当中。按照设想，每平方千米的智能终端连接数将超过100万个，IPv6的普及将让每一个产品都能够拥有独立的IP地址，从而推动产业互联网和物联网快速落地，过去人与人之间的网络连接，变成人与物、物与物之间的连接，万物互联网时代即将到来。与此同时，5G在远程医疗、自动驾驶等方面的应用，也将产生海量数据。数据存储、分析将变得更加普遍。

六、数据中心发展趋势

软硬件分离加快迭代升级。数据中心需要大量硬件设备，过去硬件设备典型特点是软硬件一体化。一方面软硬件一体化稳定性较高，硬件厂商可以获得较高利润。但另一方面，由于互联网行业发展变化迅速，硬件厂商的更新速度跟不上业务发展需求，导致数据中心需求难以满足。

随着技术创新的进步，软硬件开始解耦，"硬件+专有软件"的模式开始提升数据中心的迭代效能。到目前，白盒硬件+开源软件成为硬件厂商的主流选择。这样一来，硬件设备不但可以编程和改写，还能够通过API接口对数据中心进行整体监控和运维，从而具有较好的灵活性和开放性。同时，还有助于利用深度学习等对海量数据进行智能化处理和深度挖掘分析。未来，云化数据中心将成为发展趋势。

与此同时，大规模与边缘侧成为数据中心发展的新方向：一是大规模。数据中心一个重要发展趋势是朝着大规模、超大规模的方向发展。截至2018年年底，全球超大规模数据中心数量达到430个，预计到2020年年底，超大规模数据中心将占到全部数据中心服务器数量的47%。数据中心规模逐步变大，一方面能够体现规模效应，将提升服务器云化和虚拟化水平；另一方面随着智能巡检技术的应用，超大数据中心的运维得到进一步简化。二是边缘侧。随着5G网络逐步完善，尤其是工业互联网、产业互联网从演示阶段走向应用，在数据产生侧提供实时数据处理分析成为必然趋势，边缘计算也将发挥中心节点无法替代的作用。从而形成了数据中心边缘侧布局的另一种发展模式。

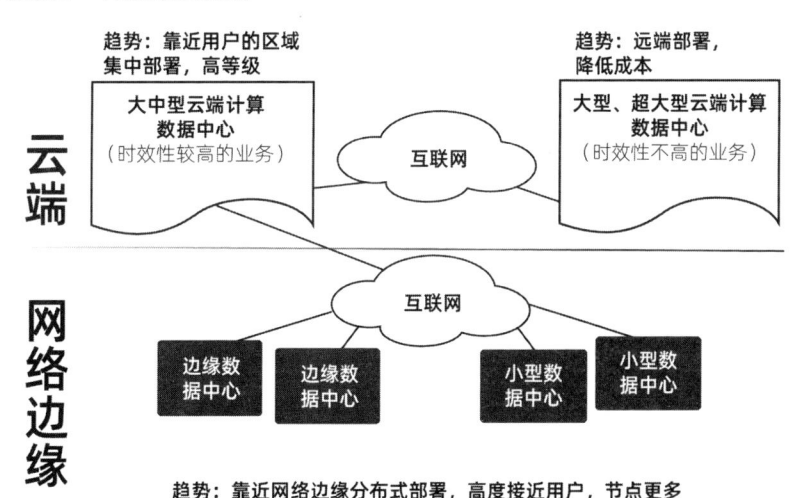

图8-6 我国数据中心未来呈现分层化布局

（数据来源：中国信息通信研究院）

可以预见，未来我国数据中心将朝着大型化、核心+边缘分布化的方向进行部署。对于时效性较高的"热数据"，可以通过大中型数据中心进行处理；对于时效性一般的"冷数据"，可以由远端部署的超大型数据中心进行部署。尤其是在中西部地区建设数据中心，电力成本较低，可以有效降低成本。对于要解决超低时延、实时性要求高、本地化需求的数据，可以通过边缘计算数据中心进行部署。

七、腾讯的服务器时代，我们的时代

（一）小作坊时代——极致的资源利用

2007年以前，腾讯处在业务萌芽期，服务器规模在万级别。数据中心采取租用的方式，自己企业的服务器放在了其他人的地盘上，并且机房小、主要集中在深圳。

此时，没有自动化部署环境，全靠人力操作。业务增长对服务器交付速度要求更高，当时腾讯第一款自研MMORPG游戏——QQ幻想需要扩容1000台服务器。按照传统的部署模式需要一个人不分昼夜地工作2个月。在创新的驱动下，当时腾讯研发了一套集直配上架、远程部署、带外管理等一体的全链路自动交付系统，结果一天就完成了部署。

图8-7　2004年第一个大型IDC

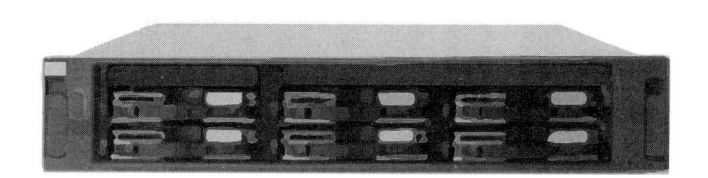

图8-8　"元老级"机型——HP 380G4

（二）集群化算力时代——资源快速交付、定制化

2008—2014年，随着QQ农场、相册、游戏的爆发式增长，传统租赁IDC无法满足业务的高速发展，于是腾讯开始尝试自建数据中心，摆脱了"小作坊"模式，第一个自建数据中心在深圳宝安落成。

图8-9 2008年第一个自建数据中心

为了摊薄每节点机房租赁费用,腾讯定制了中国互联网第一款定制服务器TWINS。TWINS的出现主要针对功耗低、有冗余的计算类场景,其机如其名,两台服务器放置到一个机位上,犹如一对双胞胎。TWINS的出现,使得上架密度提升40%以上。

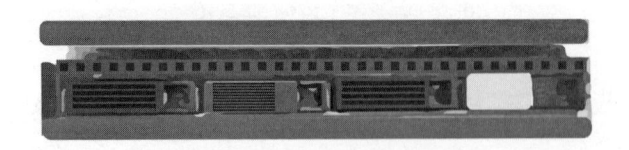

图8-10 TWINS

机位的高度通常以"U"数来表示(1U=4.445cm),目前主流高度有1U、2U、4U三种。为了更好地利用机位资源，针对2U的机位，定制了2U4S的服务器，即2U机位里面放4台服务器，上下、左右各两台，进一步提升机位利用率。

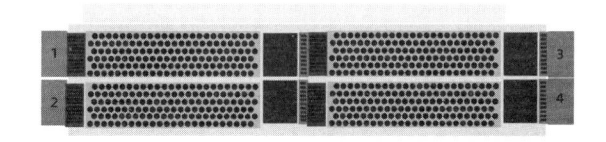

图8-11　2U4S

同时期，腾讯尝试通过整机柜服务器模式，进一步提升单机架算力，并借助虚拟化能力，构建集群化算力。

图8-12　高密度整机柜

（三）飞速建设时代——满足算力几何倍数增长

2015—2018年，伴随着微信、视频、红包、AI等移动互联网新形态的爆发，算力呈几何倍数增长，腾讯开始定制CPU，希望通过更多核数来提升算力。通过跟芯片厂商的深度定制，腾讯主要在核数、主频和特性上下功夫。

在CPU定制化方面，当前国内外其他CSP厂商已尝试通过芯片定制或自研手段，加强对产品质量和成本持续优化。腾讯若继续采用固有模式选择通用高核数CPU，将面临采购成本不断上涨的痛苦。另一方面，在性能、上市时间等方面与竞争对手拉开距离，对云业务发展带来极大挑战。

自2016年起，腾讯抛弃传统思路，与上游厂商一起探索CPU定制化模式，通过调查业务实际计算诉求，观察业务使用状况和用户负载特点，分析总结CPU使用特点和负载模型。通过对CPU功能定制和参数优化调整，在提升计算性能同时也降低成本，增强云产品竞争力，节省公司运营设备成本。为了满足算力和存储的极速增长，腾讯自主研发了TMDC微模块TMDC内，通过"HVDC+市电直供"模式提高电源输出效率。同时，采用"列间空调+精确控制"模式提高制冷系统能效。

TMDC微模块将数据中心从原有工程化建设优化成产品化作业，一个承载10万台服务器的数据中心从原来3~4年的建设周期，直接缩短到1年半时间。并且将PUE这一重要能耗指标控制在1.3以

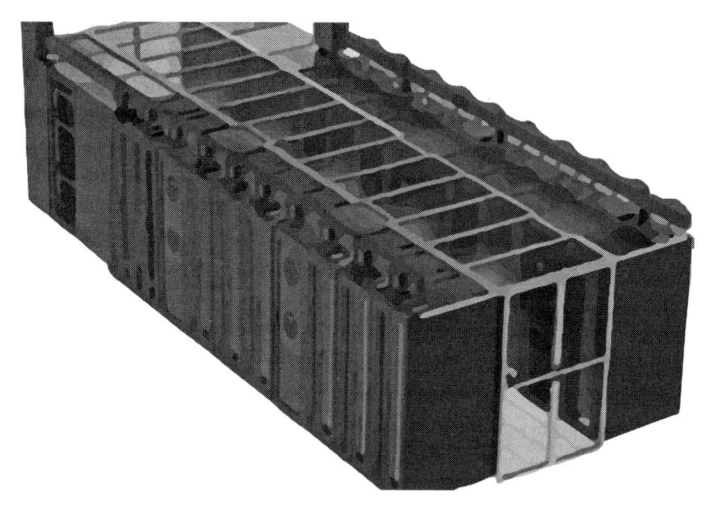

图8-13 TMDC微模块

下,打造"可持续运营覆盖全生命周期"的全面绿色数据中心。

(四)高性能、云时代——复杂场景、海量需求

在对高性能要求较高的云时代,为了满足5G物联网等新生场景,腾讯自主研发了第一款云服务器,并且发布第四代数据中心T-BLOCK,在算力的效能上进行极致优化,有效保证异构计算AI大数据等未来复杂的业务场景。T-BLOCK可移动、方便灵活的身躯可以像乐高积木一样组装算力,数据中心内部由多个完全相同的微模块(Micro Module)组成;微模块则是以若干机架为基本单位,包含制冷模块、供配电模块及网络、布线、监控在内的独立运行单元,全部组件可在工厂预制,并可灵活拆卸,快速组装。

IT系统
IT机柜

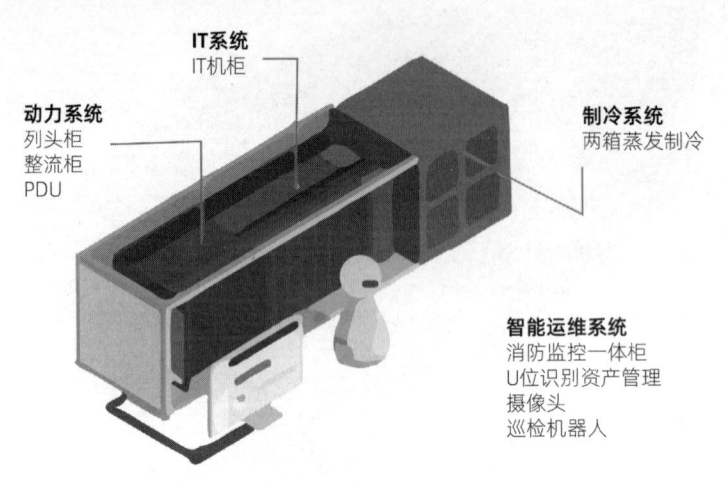

动力系统
列头柜
整流柜
PDU

制冷系统
两箱蒸发制冷

智能运维系统
消防监控一体柜
U位识别资产管理
摄像头
巡检机器人

图8-14 Mini T-Block

　　Mini T-Block作为腾讯第四代数据中心T-Block家族的一员，进一步将建筑产品化，是一款真正意义上的产品化数据中心，商业化程度高，方便灵活配置，Mini T-Block的建设周期小于45天。

　　云时代，围绕"降本增效"的核心诉求，为了让用户享受到更低成本和更高性能的云服务，腾讯服务器开启全面自主研发模式。服务器供应模式完成向ODM转变，核心诉求是为了提升腾讯服务器供应链管理能力，加强对关键部件的成本管控，提升服务器的交付效率和质量。

　　在这种背景下，2020年4月7日，腾讯云宣布成立"星星海实验室"，这是腾讯历史上首个硬件工程实验室，也是腾讯云面向产业互联网加速技术自研的重要战略。星星海取名自青海省果洛藏族自治州玛多星星海，以水为名，寓意灵动与智慧。星星海实验室将结

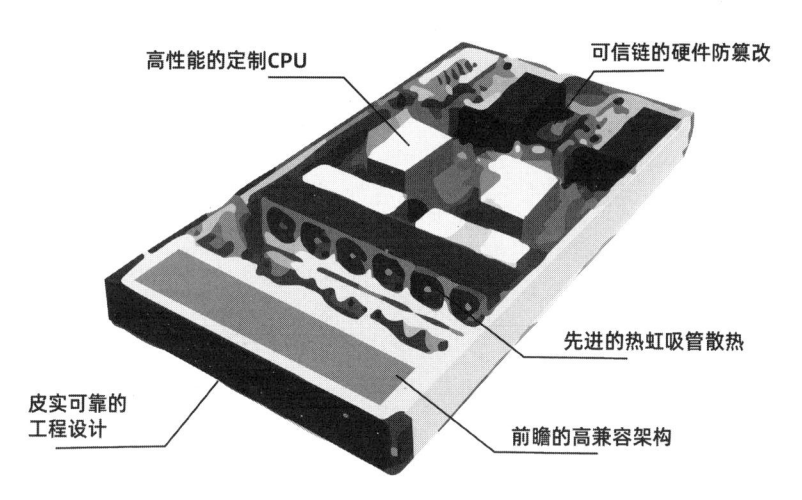

高性能的定制CPU　　　　　可信链的硬件防篡改

先进的热虹吸管散热

皮实可靠的
工程设计　　　　　　　前瞻的高兼容架构

图8-15　首款真正为云而生的自研服务器——星星海

合腾讯自有业务以及云上数百万客户的需求特性，在云原生服务器技术方面开展专项研发，并广泛联合服务器产业生态伙伴，为客户提供更适配云计算场景的服务器方案。作为腾讯史上首个硬件工程实验室，星星海实验室正是为了打通从顶层应用到底层硬件的全链路技术，从而解决云计算场景下传统服务器硬件的痛点问题。

经过近一年时间的深度自研，腾讯云正式发布了首款拥有完全自主知识产权的服务器产品——星星海SA2。目前，星星海SA2云服务器实例已经被应用于包括腾讯会议、腾讯教育、春节QQ红包、微信、视频转码、广告检索等产品和业务中，表现出亮眼的性能和可靠的稳定性。其中，星星海SA2支撑腾讯会议，在疫情期间8天内总共扩容超过10万台云主机，日均扩容云主机接近1.5万台，共涉及超

图8-16 星星海服务器

百万核的计算资源投入,在保障腾讯会议稳定对外服务的同时,也创造了云计算的行业纪录。

在腾讯内部业务场景中获得稳定应用验证后,腾讯云目前也正加速在遍布全球的数据中心中部署星星海SA2,将稳定高性价比的计算能力以云服务的形式开放给用户。随着星星海实验室的正式成立,腾讯云还将更加广泛地联合全球半导体产业链中的生态合作伙伴,加快构建覆盖多种应用场景的云原生服务器产品矩阵,满足计算型、高IO型、大数据型、异构型等不同场景下的业务需求。

值得一提的是,腾讯云目前已经在服务器、数据中心,以及专有云、数据库、中间件、云存储等云端软件层面,都进行了广泛云计算技术自研战略布局。未来，腾讯云还将会进一步拓展自主研发的范围，并依托大量的技术积累与海量用户服务经验，为用户提供更加安全高效的云服务，满足政务、金融、工业、电信、医疗等行业自主可控的用云需求。

在产业互联网时代，数据资源已经成为当前经济社会发展所必需的生产要素。物联网、车联网、工业互联网的推广应用将带来海量数据的指数级增长，大量异构数据进入数据中心并进行集中存储和处理，这对新兴基础设施和数据中心的建设与布局提出更新、更高的要求。不论是为人工智能、药物研发、航空航天等科技创新提供的高性能计算，还是疫情期间为各大城市提供科技防疫、远程办公、线上教育和电商消费的城市计算，都离不开数据中心的重要支撑。在"新基建"背景下，数据中心不只是传统意义上的存放计算、存储及网络设备的机房场所，更多的是体现创新、绿色等新发展理念的公共计算设施的组成部分，是促进5G、人工智能、工业互联网、云计算等新一代信息技术发展的数据中枢和算力载体①。

---

① 王青."新基建"浪潮下的数据中心规划布局.中国信息通信研究院.2020.3.27

第九章

从见字如面到万物互联

简单讲，物联网（Internet of Things）就是物物相连的互联网。如果说互联网的出现实现了人与人之间的连接，那么物联网的出现将实现"万物互联"。

物联网作为新基建的重要组成部分，早在2018年中央经济工作会议中就被提出，即加快5G商用步伐，加强人工智能、工业互联网、物联网等新型基础设施建设。2020年5月初，在国家发展和改革委员会正式宣布新基建的组成和内涵不久，工业和信息化部发布了《关于深入推进移动物联网全面发展的通知》，推动实现物联网与5G协同发展的目标。

5G的三大应用场景即增强移动宽带、海量物联网通信、高可靠低时延，都能看到物联网的身影，尤其是海量物联网通信将为物联网注入新的发展动力。

一、越战、猴子与传感器

说起物联网,就不得不谈一谈越南战争。

1965年,美国在越南战场陷入胶着。越南山地较多,美军飞机的狂轰滥炸并不能解决实际问题,而且物资耗费与人员伤亡还很严重。为了尽快打破僵局,美国人开始对越南胡志明小道进行轰炸。胡志明小道是越南的重要补给线,是战略物资运输的大动脉。

想切断补给线,靠蛮力轰炸肯定是不行的,如何才能发现越南军队和补给人员的行踪呢?

为此,1968—1971年期间,美国向越南的补给线地区空投了几十万个传感器。这些传感器有振动传感器、声波传感器、磁性传感器等,一旦补给线上有人、车辆甚至金属物体经过或者靠近,这些传感器就能够把信号传输给美军的控制中心,为美军的轰炸机提供准确的投放炸弹的信息。为了能够更好地收集信息和数据,这些传感器都被涂上迷彩颜色,或者伪装成植物模样,甚至还有一些被伪装成动物粪便。有些传感器还带有细绳索,空投之后可以挂在树梢或者灌木丛的枝条上。

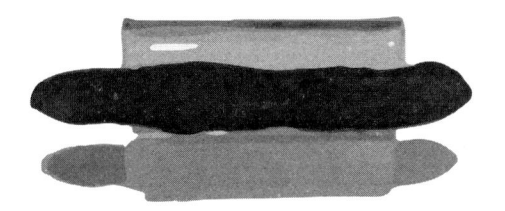

图9-1 "动物粪便形"传感器

传感器的投放早期给越南军民带来了较大的伤亡。但随着时间推移，越南军民也发现了其中的奥秘，很快，传感器带来的效果开始大幅减弱。一方面，当时的传感器外形和周围环境格格不入，很容易被发现。同时，天气环境也对传感器的准确度带来了挑战。另一方面，越南军队发现，猴子可以在丛林里快速找到传感器。为此，越南开始训练上千只猴子来帮助摘除传感器，效率是人工的几十倍。据媒体报道，猴子们总计清除的传感器数量超过45万个。

虽然耗费巨资，甚至有着满满的科技感，但是这场科技与猴子的大战中，传感器败下阵来。不过，这一次具有创造力的应用却开启了传感器网络的大门，让世界各国看到了传感器网络的重要作用。可以说，传感器网络就是物联网的早期模型。

二、物联网的起源

关于物联网的起源，到目前为止一直没有一个全球公认的说法。但是，这并不妨碍我们从两个案例中，探寻物联网为我们的生活解决了哪些问题。

第一个关于物联网起源的故事和可口可乐贩卖机有关。

1990年，美国卡内基梅隆大学的学生大卫·尼科尔斯想喝可乐。在教室楼下确实有可口可乐的贩卖机，但是想喝可乐的不仅仅只有大卫·尼科尔斯，因此可乐贩卖机经常缺货，来到贩卖机前的学生们经常扑空。那么，如何才能足不出户就能知道贩卖机里有没有可乐呢？

如果能够提前知道贩卖机的存货数量就好了。为了解决自己的需求，大卫·尼科尔斯与同学开始对可乐贩卖机进行一番研究，最终把注意力聚焦在了可乐贩卖机的指示灯上。当时的贩卖机，如果有人购买可乐的话，对应位置上的红色指示灯就会闪烁，然后熄灭。为此，研究人员研发了指示灯感应主板，并将主板连接到计算机上。如此一来，大卫·尼科尔斯就可以在不离开房间的情况下知道楼下的可乐贩卖机是否有存货了。这个远程监控自动可乐机，可以算是民用物联网领域的一次探索。此后的很长时间里，卡内基梅隆大学都保留着这台可乐贩卖机，也有不少学生在它身上进行着各种改进和实验[①]。

另外一个跟物联网起源有关的故事和咖啡有关。

1991年，在英国剑桥大学特洛伊计算机实验室里，科研人员闲暇之余都愿意喝一杯咖啡。但是咖啡壶在实验室楼下，要常常下楼去看咖啡是否煮好了。多次上楼下楼，让这些研究人员很不舒服。

有痛点，就会有解决方案。为此，科研人员利用自身擅长编程的能力，在咖啡壶旁边安装了一个摄像头，并编写好一套程序，利用图像捕捉技术把图像传回到实验室的计算机上，这样就方便查看咖啡是否煮好。从某种意义上讲，物联网尤其是摄像头的应用和市场开发，都源于这个久负盛名的"特洛伊咖啡壶"。

---

① 谁发明了物联网.鲜枣课堂.2020.5.10

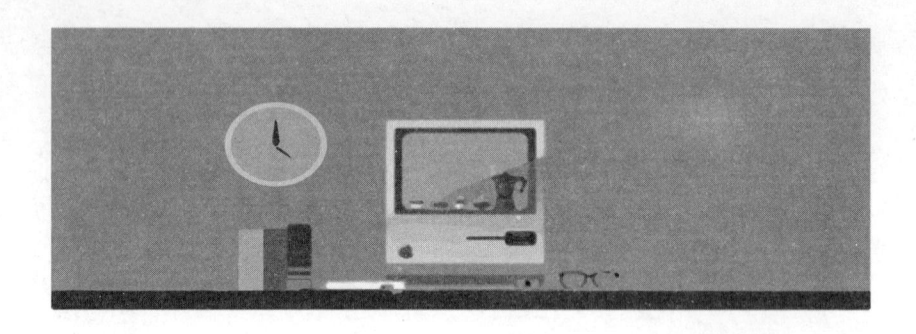

图9-2　特洛伊咖啡壶

如果能从这两个物联网案例中发现什么规律的话，那么很明显是，人类懒惰的天性成为新技术创新的主要推动力。

三、物联网的应用场景

物联网的应用在实际生活中已经很普遍了。

一是无接触卡片。学校图书馆和食堂的一卡通、公交和地铁交通卡、高速公路上的ETC不停车收费系统，再到近几年流行的智能手环、智能手表等可穿戴设备，都是物联网应用的例子。

二是智能家居。当互联网遇上人工智能，会激发出更多创新性的场景应用，传统家居的智能化就是一个例子，现在许多家庭都有的扫地机器人，就是智能家居的入门级产品。近些年，智能音箱大战在国内外打得如火如荼，美国有亚马逊Echo、谷歌Home等鼻祖产品，中国有腾讯叮当、天猫精灵等。若要对得起"智能"两个字，除了播放音乐，语音交互能力才是重点。简单地说就是，智能音箱能不能听得懂人话，能不能陪用户聊天。目前，智能音箱商品中已经出现了带屏幕的产品，可以进行购物、查询物流等操作。

实现家庭内所有物体的相互通信是智能家居未来发展的最终目标。如今，通过智能音箱或者是电脑上的语音助手可以控制家里的电器、电灯、窗帘自动启动。想象一下，当你跨入家门，温暖的灯光和音乐响起，空调调到最佳温度，洗澡水开始加热，烤箱里的烤鸡正等着你大快朵颐，这该是多么美好的生活。近些年，不少品牌都推出了能与这些语音助手连接的产品，包括电灯泡、冰箱、电视、家庭安全系统等。只要你愿意尝试，市场上的智能家庭设备随你挑。

三是智慧城市。智慧社区将构成智慧城市的雏形。美国爱荷华州的迪比克市是美国第一个智慧城市，该市与IBM合作，利用物联网技术将城市的水、电、油、气、交通等资源连接起来，通过数据整合降低城市的能耗和成本。

在智慧城市建设方面，中国是最积极的国家之一，全球约1000个试点城市里，中国有500个试点城市，位居首位。互联网技术搭配人工智能已经站上了时代最前沿，万物互联的时代正逐渐从科幻电影中的场景变为现实。

四、物联网典型应用——智能音箱

物联网的应用范围非常广，从智能音箱、智能家居、可穿戴设备到工业互联网、车联网，都离不开感知技术。尤其是智能音箱的发展，成为物联网与智能语音的融合点，有望开拓智能家居的"新入口"。

（一）智能音箱成为竞争新热点

从智能音箱的发展过程来看，2011年，美国Amazon开始Echo的研发，至2014年11月，正式发布了Echo智能音箱，由此掀开了智能音箱产业爆发式增长的大幕。2015年，京东发布了国内首款智能音箱"叮咚"。2016—2018年，智能音箱进入爆发期，大量厂商开始跟进，包括谷歌、苹果、腾讯、阿里、百度等互联网企业纷纷在智能音箱领域进行布局。根据Canalys的统计数据，2019年，全球智能音箱、可穿戴设备和智能个人音频设备出货量达到6.54亿台。预计在2020年年底将达到7.18亿台，同比增长9.8%。其中，智能音箱将会有1.5%的增长，出货量为1.265亿台；可穿戴设备的增长量为3.8%，出货量为1.748亿台。智能个人音频设备的增长最为显著，达到了15.5%，出货量4.16亿台。从全球市场角度来看，到2024年，全球智能音箱的市场价值可能会达到300亿美元。

总的来看，当前智能音箱主要有以下三个特点：一是海量流媒体内容。智能音箱能够为用户提供优质海量内容服务，拥有智能音箱查询、播放歌曲、有声读物、音乐等流媒体内容。二是提供互联网服务。为用户提供丰富的第三方服务，通过智能音箱实现语音下订单、购买物品、订餐、查询快递等功能。三是实现智能家居系统及关联设备控制。以语音交互为主要方式，对智能家居系统和家居环境中的关联设备，包括对家电、窗帘等，进行控制。

（二）产业链初步成型

经过2016—2018年的快速发展，当前智能音箱产业链初步成型，主要包括语音服务商、主芯片、麦克风阵列、OEM与ODM、集成商等五个部分。

在语音服务商方面，国内已经形成较丰富的语音服务商方阵，厂商之间相互对接形成包括语音交互、内容、服务等全套解决方案。典型企业包括科大讯飞、腾讯、百度等。

在主芯片方面，主芯片作为智能音箱的核心，国内厂商的发展较为滞后，主要依赖国际主流芯片厂商。典型企业包括高通、马维尔、联发科等。

在麦克风阵列方面，基于已有的语音信号处理优势，在麦克风阵列和原厂语音算法领域涌现了一批国内企业。典型企业包括思必驰、云知声等。

在OEM与ODM方面，传统音箱厂商选择利用已有产业布局切入智能音箱产业。典型企业包括富士康、漫步者等。

在集成商方面，互联网企业成为最终的产品集成商，拥有自己的销售渠道、便于大批量销售。包括阿里、小米、百度等。

语音服务	主芯片	麦克风阵列	OEM/ODM
Tencent腾讯 Baidu百度 AISPEBCH思必驰 云知声Unisound 小米xiaomi.com 科大讯飞iFLYTEK	QUALCOMM MARVEL amlogic 全志科技Allwinner Technology MEDIATEK	AISPEBCH思必驰 云知声Unisound 科大讯飞iFLYTEK InvenSense SoundAI	EDIFIER漫步者 HARMAN GGEC foxconn

图9-3　智能音箱产业链

从智能音箱产业链分布情况可以看出，目前我国围绕智能音箱的全产业链条已经基本形成。但与国外厂商相比，国内的集成商往往又扮演着语音服务商和销售渠道商的角色，也从另一方面助推了国内智能音箱产业的发展。

（三）智能音箱安全问题不容忽视

2017年年底，美国消费者保护组织Consumer Watchdog出具的一份报告显示，亚马逊、谷歌等智能音箱存在"偷听"用户的可能，指控此类智能音箱设备违反了相关隐私法案。据介绍，事件的起因是有用户发现来自亚马逊和谷歌的专利中包含可能发送手机用户信息和广告推广的设备。

针对数据量急剧增多的智能家居设备，单一漏洞可能同时影响成千上万台设备的安全。从芯片、固件、软件、协议、设计等攻击向量看，针对家居类终端设备的攻击威胁并未有"创新"，但是攻击者可以突破的攻击面却在不断扩大。

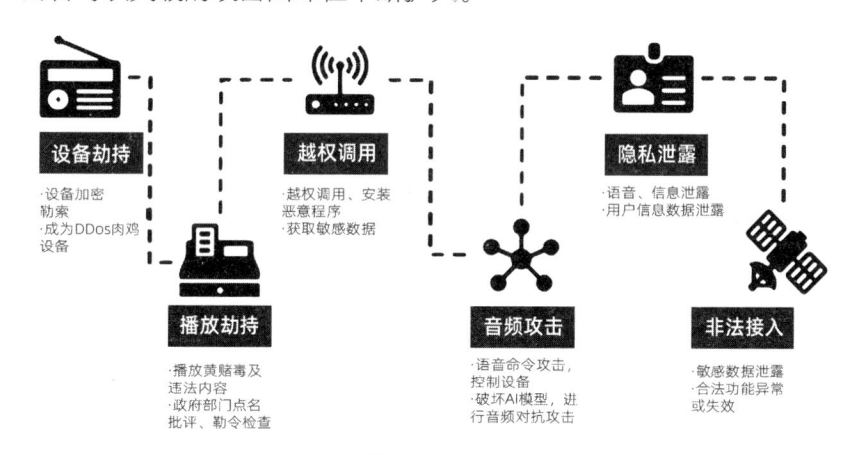

图9-4 智能音箱面临的安全风险

整个攻击威胁发展的趋势主要包括四个方面。

一是针对数据的攻击面趋多。家居类终端设备为消费者带来全新的在线隐私安全问题，这些设备可以收集大量用户贴身数据，且可以实时监控用户。

二是拒绝服务攻击方面，家居类终端设备的僵尸网络正成为高容量DDos的攻击源。大规模攻击只需依靠终端设备数量即可实现，攻击的规模、频度、复杂性和影响都在日益快速增长。

三是设备劫持攻击方面，勒索劫持设备成为新型主流攻击手段。设备与现实世界紧密连接，对黑客的吸引力更大。

四是沦为攻击"跳板"的攻击面扩大，通过设备进入其他目标系统，设备间的"跨越式"攻击变得更加容易。

（四）智能音箱未来发展趋势

AI和物联网技术是智能音箱发展的主要推动力。由于AI领域创业和投资过热，目前已经出现伪创新、伪AI概念。同时，智能音箱市场泡沫化严重，行业洗牌已经开始。预计智能音箱的发展将主要包含以下四个时期。

一是探索期。当前智能音箱正处于探索期。得益于AI技术和IoT技术的快速普及，智能音箱行业快速发展，互联网/IT巨头进入该领域，投资和创业者也大量涌入。但随着整个互联网行业进入收缩期，投资方投资更加谨慎。

二是启动期。经过行业洗牌，因为技术或资本问题，大部分企业倒闭或转型，仍存活的企业其商业模式则逐步清晰，AI技术领先并在智能家居领域有完善生态布局或深耕垂直行业市场的智能音箱企业将得到进一步发展。随着AI技术的发展及语音交互体验提升，智能音箱有可能成为智能家居系统的核心控制单元，消费者习惯通过音箱操控家居环境及服务。

三是快速发展期。这一时期有望出现某家智能音箱相关技术或产品的企业上市，智能音箱开始规模进入除家居场景之外的垂直行业，例如酒店、养老院等。AI技术或交互方式的变革可能成为下一轮投资热潮掀起的催化剂。

四是成熟期。目前，智能音箱已成为除家居场景外，商务办公及垂直应用领域的通用智能化服务工具和数据入口。此外，智能音箱作为服务型机器人，也将成为家居及商务应用的得力助手。随着新技术的出现，新的产品交互方式和形态也开始出现。

五、物联网典型应用

想象一下以下场景：快递柜无法投取件；共享单车无法解锁；自动售货机不出货；地铁闸机故障，乘客滞留；各生产车间设备、传输工业生产重要信号的传感器掉线，给生产带来不可估量的损失；医疗设备掉线甚至会危及生命。这些都是失去物联网连接以后，我们可能会面临的现实难题。

为了给物联网设备提供高可用性的网络服务，腾讯云在业界首先发布了全新概念的物联网卡解决方案——云兔，它涵盖硬件实体卡、软件开发工具包（SDK）及连接管理平台，最高可将物联网设备网络可用性提升至99.999%。

图9-5 腾讯云——云兔硬件实体卡

物联网卡是三大运营商基于物联网专网,用来满足各种物联网设备联网的SIM流量卡。目前,物联网卡已广泛应用在智能手表等智能穿戴设备、共享单车等共享设备以及车联网、智能安防、智能工业、智慧医疗中。

一般情况下,物联网卡就是"一锤定音"式地固定选择了某家运营商网络。而现实场景中,单运营商网络故障,没信号的情况时常发生,会频繁造成设备断网,而多个运营商同时故障断网的概率几乎没有。云兔解决方案将移动、联通、电信三大运营商统一集成在一张单卡之中,实现统一智能管理。设备启用期间,云兔可以选取三网中信号最优的网络,而在当前使用网络出现故障时,云兔可在边缘侧自主切换至另一网络,无需人工干预。云兔支持各种运营商网络,包括2G、3G、4G、5G和NB-IoT。经测算,云兔最多可将网络可用性从小于99.75%提升至99.999%,即年平均故障时间从21.9小时降至6分钟以内。

图9-6 云兔物联网卡解决方案

此外，云兔硬件实体卡的电气性能远超普通物联网卡，更能适应各种"恶劣"的工作环境，如大范围温湿度变化、粉尘、震动等。同时，其硬件尺寸规格与标准物联网卡一致，可适配现有的任何物联网设备。云兔平台还能帮助实现低成本精细化网络运维管理，主动推送警告费用，定期生成盲点报告、连接健康报告等。目前，云兔的软硬件已经获得多项国家专利。

现在，物联网已被明确纳入"新基建"范畴，一个真正万物互联的世界正在加速到来。

第十章

区块链

区块链，正以前所未有的速度向我们飞奔而来。

2008年6月，"中本聪"发表《比特币：一种点对点式的电子现金系统》论文；

2009年1月，"中本聪"挖掘出了创世区块，开启了比特币时代；

2011年4月，比特币支持uPNP，实现了P2P能力，比特币正式成为公有链；

2013年11月，Vitalik Buterin发布以太坊项目，正式开启区块链2.0时代；

2015年7月，以太坊网络发布，标志以太坊正式运行；

2017年3月，Github上与比特币相关的项目超过10000个；

2018年5月，工业和信息化部发布《2018年中国区块链产业白皮书》显示我国区块链产业生态初步形成；

2019年10月，习近平总书记强调要把区块链作为核心技术自主创新的重要突破口；

2020年10月，国家互联网应急中心牵头的行业标准《区块链技术架构安全要求》正式发布并实施，成为国内首个正式发布的区块链通用安全技术行业标准。

一、什么是区块链，有什么技术优势

区块链是以比特币为代表的数字加密货币体系的核心技术。区块链技术起源于2008年，化名为"中本聪"的技术人员发表了一篇名为《比特币：一种点对点式的电子现金系统》的论文。文章描述了"基于密码学原理而不是基于信用，使得任何达成一致的双方能够直接进行支付，从而不需要第三方中介参与"的一种交易方式，即一套全新的、去中心化的、不需要信任基础的点到点交易体系的方法，其可行性已经被从2009年运行至今的比特币所证明。

区块链技术的突破在于去中心化设计，通过合理地运用加密算法、时间戳、树形结构、共识机制和奖励机制，在无需信任节点的分布式网络中实现基于去中心化的可信的点到点交易，解决了目前中心化模式中存在的可靠性差、安全性低、高成本、低效率等问题。

近年来，随着比特币的快速发展，区块链技术的研究与应用呈现出了爆发式增长态势。同时，区块链技术也被认为是继大型机、个人电脑、互联网、移动/社交网络之后，计算范式上的第五次颠覆式创新，同时是人类信用进化史上继血亲信用、贵金属信用、央行纸币信用之后的第四个里程碑。同样地，区块链技术也是下一代云计算的雏形，有望像互联网一样重塑或者改变人类社会活动形态，为金融、科技、文化、政治等领域带来深刻的变革。从而实现从目前的信息互联网向价值互联网的转变。

现在，随着技术的进步，区块链已经从区块链1.0（数字货币应用）、区块链2.0（金融领域更加广泛的场景和流程优化应用）发展到提出并实践区块链3.0（为各行业提供去中心化解决方案）的程度。区块链技术的发展标志着人们开始构建真正的信任互联网。

区块链的技术优势主要有以下四点：

1. 不可篡改。区块链采取单向哈希算法，同时每个新产生的区块严格按照时间线形顺序推进，一旦信息经过验证并添加至区块链，就会永久地存储起来。

2. 集体维护。在节点无需互相信任的分布式系统中实现基于去中心化信用的点对点交易，解决中心化机构普遍存在的高成本、低效率和数据存储不安全等问题。

3. 去中心化。区块链技术方案中没有中心服务器，每个运行区块链软件的计算设备都是区块链网络中的一个对等节点，系统中的区块由整个系统中的节点来共同维护。

4. 去信任化。节点之间无需建立信任关系，系统中的任意多个节点，把一段时间系统内全部信息交流的数据，通过密码学算法计算和记录到一个区块，并且生成该数据块的指纹（哈希）用于链接下一个数据块和校验，通过集体验证和维护的方式来建立一个可靠数据库。

二、区块链有哪些种类，比特币和以太坊是做什么的

区块链按照参与的方式主要分为公有链、联盟链和私有链三大类。

公有链是指全世界任何人都可以随时进入系统读取数据、发送可确认交易、竞争记账的区块链。公有链通常被认为是"完全去中心化"的，因为没有任何个人或者机构可以控制或者篡改其中数据的读写。公有链一般会通过代币机制来鼓励参与者竞争记账，来确保数据的安全性。比特币、以太坊都是典型的公有链。

联盟链是指由若干个机构共同参与管理的区块链，每个机构都运行着一个或多个节点，其中的数据只允许系统内不同的机构进行读写和发送交易，并且共同来记录交易数据，联盟链的数据只限于联盟里的机构及其用户才有权限进行访问。

私有链是指其写入权限由某个组织或机构控制的区块链，参

与节点的资格会被严格限制。由于参与节点是有限和可控的,因此私有链往往可以有极快的交易速度、更好的隐私保护、更低的交易成本,不容易被恶意攻击,并且能做到身份认证,这些都是金融行业必需的要求。相比中心化数据库,私有链能够防止机构内单节点故意隐瞒或者篡改数据,即使发生错误,也能够迅速发现来源。因此,许多大型金融机构目前更加倾向于使用私有链技术。

提到区块链就必须提到比特币。比特币推动了其底层区块链的采用,其强大的技术社区和强大的代码审查流程使比特币成为各种区块链中最安全可靠的一环,它也将支持各种应用程序,包括智能合约、资产登记以及许多超越财务和法律用途的新型交易。

区块链技术的正式提出可以追溯到"中本聪"在2008年的论文,比特币的第一个区块(称为创世区块)诞生于2009年1月3日,由"中本聪"本人持有。在创世区块诞生后,在2009年1月12日,"中本聪"给密码学专家哈尔芬尼发送了10个比特币,完成了比特币史上的第一笔交易;在2010年5月,一名来自美国佛罗里达州的程序员用1万比特币购买了价值为25美元的披萨优惠券,从而诞生了比特币的第一个公允汇率。从这以后,比特币的价格飞速上涨,在2017年突破了2万美元的高值。但是,由于比特币的挖矿机制造成了巨大的资源消耗,比特币的匿名性对传统金融监管提出了挑战,使得比特币的价格出现大起大落。

在"中本聪"的构想中,区块链是结合了密码学技术和P2P技术的分布式账本系统。密码学来保证其安全可信,采用诸如椭圆曲线加密以及哈希函数的各种性质；P2P网络实现去中心化、抗单点错误的特性和计算力证明（Proof of Work，POW）的共识机制（俗称"挖矿"）。解决了数字加密货币领域长期以来必须要面对的两个重要问题——双重支付问题和拜占庭将军问题。比特币区块链形成的是软件自身所定义的信用，在比特币交易过程中，用户不需要提及自身的身份，这和传统的中心机构的信用背书是不同的。

现如今，比特币已经形成体系完备的产业链，包括发行、流通和衍生的金融市场。比特币的开源特性，吸引了大量的开发者为其提供持续的创新技术、方法以及机制，比特币的全网节点无时无刻不在进行"挖矿"，提供算力来保证比特币的稳定性和安全性。

所谓"挖矿"就是所有节点通过数学运算来达成共识的过程。其算力主要来自专门用于POW的专业设备（矿机）。同时，比特币网络为每一个新发现的区块发行一定数量的比特币作为奖励，用来奖励"矿工"，"矿工"也可以相互联合来形成"矿池"，集合算力，共享收益。在流通环节中，拥有比特币的人可以通过特定的平台来向商家购买商品或者服务等。同时，由于比特币价格的波动涨跌特性，使得比特币具有了金融衍生品的特性，所以出现了很多交易平台来方便人们投资或者投机比特币。比特币的每一笔交易都会有比特币网络的全体节点进行验证并写入区块链，同时附带灵活的脚本编码（智能合约）用来实现可编程的全自动化货币流通。

以太坊是一个开源的具备智能合约的分布式平台。所有运行以太坊节点的设备组成的分布式计算网络，让用户基于智能合约来搭建所需的去中心化应用。以太坊的核心是智能合约，它以计算机指令的方式实现了传统合约的自动化处理，用户可以提前规定好合约的内容，当满足触发合约条件时，程序就会自动执行合约内容。在区块链2.0以后提出的智能合约，让区块链应用更具便捷性和拓展性，将智能合约以数字化的形式写入区块链中，整个过程透明可跟踪，保证其可追溯性，可极大程度避免恶意行为对合约正常执行的干扰。当满足合约内容时，将自动启动智能合约的代码，减少了手动过程，避免发行者违约。

三、区块链应用的主要场景

区块链目前的主要应用场景简单地概括为：数字政府、金融服务、征信和权属管理、资源共享、投资管理、物联网和供应链共六个场景。

（一）数字政府

数字政府是区块链技术在政治中的代表性应用，越来越受到政府和组织的重视。基于区块链的分布式共识验证、不可篡改等特性，可以提高数字政府的安全性和工作效率、助力可信数字政府建设、推动政务数据开放共享。同时，基于区块链的数字政府还包括政府数据共享开放、数据铁笼监管、互联网金融监管等应用场景。

此外，区块链分布式的结构以及通过全网节点共同维护、记录存储数据的方式有效避免了传统数据库完全中心化管理带来的安全风险。

（二）金融服务

交易的本质是为了交换价值的所属权，为了完成交易，往往需要一些中间环节，特别是中介担保角色。因为交易双方往往存在着不充分信任的情景，要证实价值所属权并不容易，而且往往彼此并不能直接进行交换。合理的中介担保，确保了交易的正常运行，提高了经济活动效率，但是第三方中介机制往往存在成本高、时间周期长、流程复杂、容易出错等缺点。但是区块链技术可以为金融服务提供有效可靠的所属权证明和相当强的中介担保机制。现在世界上各大银行都在投入区块链的研究当中，同时也出现了大量的创新支付企业。

（三）征信和权属管理

征信管理是一个巨大的潜在市场。目前，征信相关的大量有效数据集中在少数机构手中，具有很高的行业门槛。虽然现在大量的互联网企业在尝试从各个维度来获取海量的用户信息，但是从征信角度看，这些数据存在着若干问题，如数据量不足、相关性较低、时效性不足，甚至会是虚假信息。而区块链存在着天然无法篡改、不可抵赖的特性，同时，还能提供超大规模相关性极高的数据。因此，基于区块链提供数据进行征信管理，将让信用评估的准确率大大提高，并且降低进行评估的成本，使区块链的信用机制具备稳定性和中立性。IDG、腾讯、安永、普华永道等公司都投资进入基于区块链的征信管理领域。

权属管理主要用于产权、版权等所有权管理和追踪，包括汽车、房屋、艺术品、数字出版物等。目前有几大难题：一是物品所有权的确认和管理，二是交易的安全可靠性，三是一定的隐私保护。利用区块链技术，物品的所有权是写在数字链上的，谁都无法修改，一旦出现合同中约定的情况，区块链技术将确保合同能够得到准确执行，也可以对资产所有权进行追踪。比如说，基于区块链的学历认证系统。基于该系统，用人单位可以确认求职者的学历信息是否真实可靠。

（四）资源共享

资源共享面临的主要难题包括共享成本过高、用户身份评分难、共享服务管理难等。比如说，社区能源共享的ConsenSys和微电网开发商LO3，主要难题就有交易系统的构建问题，但是通过区块链技术打造的平台就可以很容易地实现社区内低成本的可靠交易系统。还有就是大数据共享，一直以来，让人头疼的问题是如何评估数据价值，如何进行交易和交换，如何避免数据在未经许可的情况下泄露出去。使用区块链技术构成的统一账本，数据在多方之间的流动将得到实时的追踪和管理，并且通过对访问权限的管控，可以有效降低对数据共享过程的管理成本。

（五）投资管理

在跨境贸易中，买卖双方可能互不信任。需要两家银行作为双方的保证人，代为收款交单，以银行信用代替商业信用。用区块链技术就可以为信用交易参与方提供共同账本，允许银行和其他参与方拥有经过确认的共同交易记录并根据此交易记录履行约定，降低了风险和成本，破除"信息孤岛"，打造统一安全的大数据平台、构建形成平台共享、大数据慧治、大系统共治的顶层架构。同样地，区块链也可以让不同国家的交易者在不互换货币的情况下完成交易。

（六）物联网和供应链

随着物联网设备的增多，边缘计算需求的增强，大量设备之间需要采用分布式自组织的管理模式，并且对容错性要求很高。区块链自身的分布式和抗攻击的特点可以很好地适用到这一场景，从而降低物联网应用的成本。2015年初，IBM和三星宣布合作研发ADEPT系统。

物流供应链往往涉及多个实体，包括资金流、信息流、物流等，这些实体之间存在着大量的复杂协作和沟通。不同实体各自保存各自的供应链信息，严重缺乏透明度，造成了较高的时间成本和金钱成本，一旦出现问题（冒领、假冒等）则难以追查和处理。但是，通过区块链，各方可以获得一个透明可靠的统一信息平台，能够实时查看数据，降低物流成本，追溯物品的生产和运送的整个过程，提高供应链的管理效率。举证和追查也变得更加清晰和容易。例如，运送方通过扫描二维码来证明货物到达指定区域，并自动收取提前约定的费用。

四、中国区块链产业发展态势良好

区块链是技术整合创新、金融创新、组织方式创新、产业应用创新的多维度创新，以服务实体经济、政务民生以及公共服务等领域为落脚点，以期实现整个地区和产业的资源整合与协同，服务于我国传统产业的数字化转型。

中共中央政治局在2019年10月24日就区块链技术发展现状和趋势进行集体学习。中共中央总书记习近平强调，要把区块链作为核心技术自主创新的重要突破口，明确主攻方向，加大投入力度，着力攻克一批关键核心技术，加快推动区块链技术和产业创新发展。区块链与大数据、云计算、人工智能、物联网和5G等高新技术共同构成的现代科技集群，已经成为数字经济发展的驱动性技术。产业区块链的发展也将成为检验中国数字经济发展的重要指标。

近年来，区块链技术受到国内外广泛关注，企业积极投入布局，推动区块链产业发展。2019年，区块链技术上升到国家战略高度，我国区块链技术应用和产业生态发展进入新阶段。

（一）中国区块链企业发展趋势

根据国家互联网应急中心"区块链之家"监测数据显示，截至2020年8月底，全国区块链相关企业达到4.7万余家，区块链相关企业涵盖范围包括工商注册名称或经营范围中涉及区块链、开展区块链相关业务、开展区块链相关岗位招聘等企业。

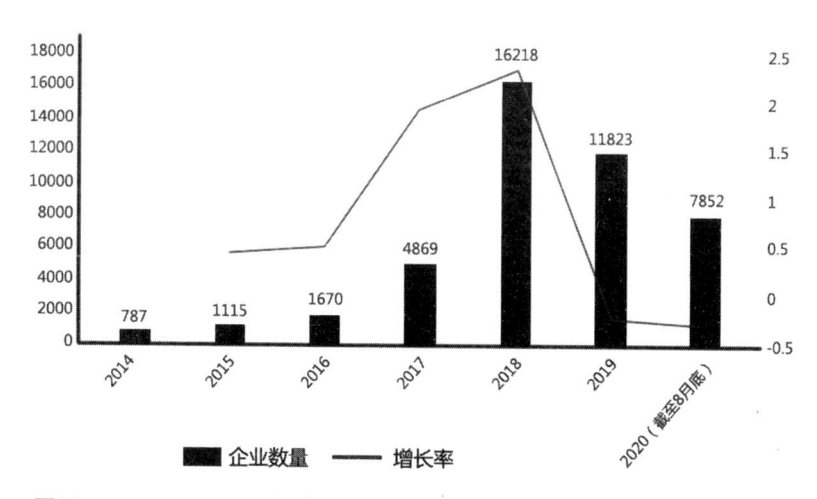

图10-1　2014—2020年（截至2020年8月底）区块链企业数量及增长率

（数据来源：区块链之家）

近95%的区块链企业成立于2014年之后，尤其是2016年以来，我国区块链企业注册数量快速增长。2017年注册企业数量是2016年的近3倍，2018年注册企业数量是2017年的3倍多，达到最高峰1.6

万余家。进入2019年,区块链行业趋于冷静,企业注册数量有所减少。2020年,新成立区块链企业进入稳定增长期。

2017年初至2018年中期,一方面,区块链技术应用逐渐尝试在实体经济中落地,区块链的价值在更大范围获得认同;另一方面,期间虚拟数字货币价格暴涨,伴随着虚拟数字货币市场的炒作,市场泡沫化严重,在一定程度上促使区块链注册企业数量呈爆炸式的增长。

(二)中国区块链企业地区分布

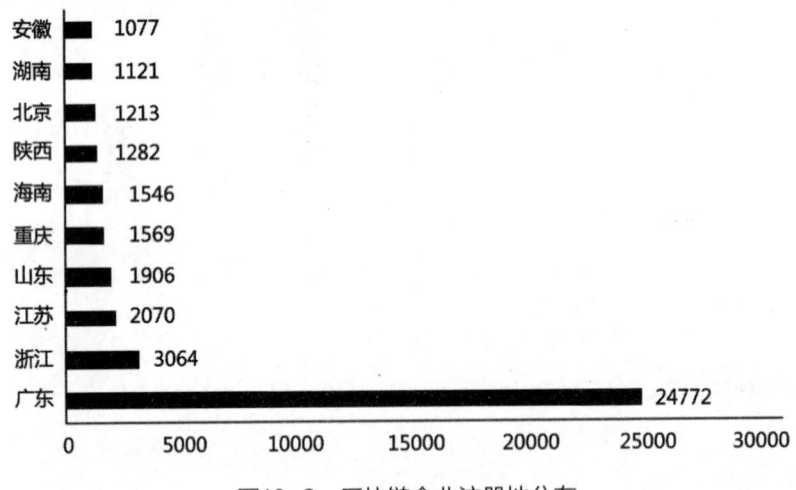

地区	数量
安徽	1077
湖南	1121
北京	1213
陕西	1282
海南	1546
重庆	1569
山东	1906
江苏	2070
浙江	3064
广东	24772

图10-2 区块链企业注册地分布

(数据来源:区块链之家)

从企业注册地来看,区块链企业已经扩散到全国各地,并形成了以北京、山东为核心的环渤海聚集区、以广州为代表的珠三角聚集区、以浙江和江苏为代表的长三角聚集区、以湖南和陕西为代表的中部聚集区，以及以四川、重庆为代表的川渝聚集区。海南得益于政府的支持政策，受到区块链企业和互联网巨头企业的青睐。

从企业注册数量上来看，广东省企业数量最多，达到2.4万余家，占比超过50%，远超其他地区，主要分布在广州和深圳等地。其次是浙江和江苏，分别为3064家和2070家。

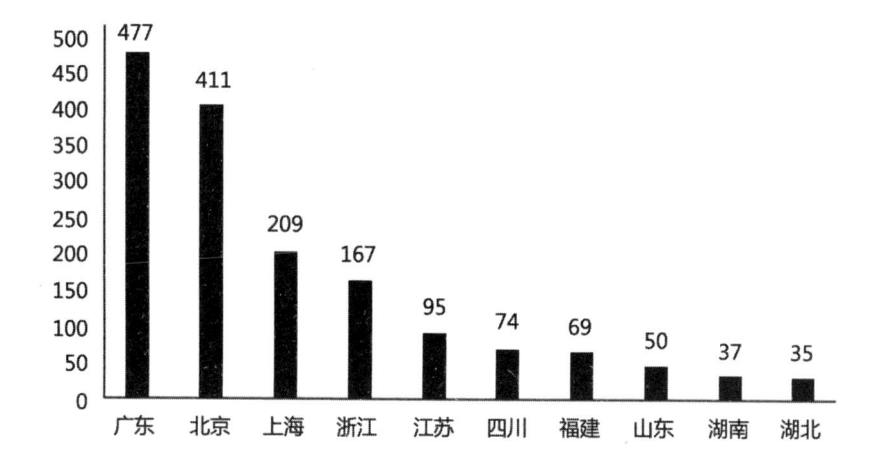

地区	企业数
广东	477
北京	411
上海	209
浙江	167
江苏	95
四川	74
福建	69
山东	50
湖南	37
湖北	35

图10-3　开展业务的区块链企业分布

（数据来源：区块链之家）

在已注册的企业中，多数企业尚无区块链项目运行，未正式开展业务。受到技术、资源整合能力等方面的限制，部分区块链应用项目呈现上线快、消亡快的特点。

区块链之家网站对已开展业务的2000余家区块链企业按地域进行统计分析，主要分布在广东、北京、上海、浙江等经济和技术发达地区。其中，广东企业数量最多，为477家。其次是北京和上海，分别为411家、209家。

（三）中国区块链企业的注册资本规模分布

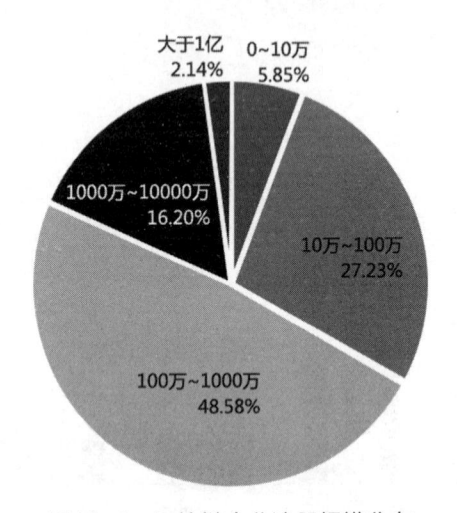

图10-4　区块链企业注册规模分布

（数据来源：区块链之家）

从企业注册资本来看，超半数企业注册资本在100万～1000万元范围。其次是注册资本在10万～100万元之间企业，占比27.23%。千万级注册资本企业数量也较为可观，占比16.2%。注册资金在1亿元以上的企业占比为2.14%,尽管占比小,但是企业数量已经达到了994家,不容小觑。

(四)中国区块链企业的行业分布

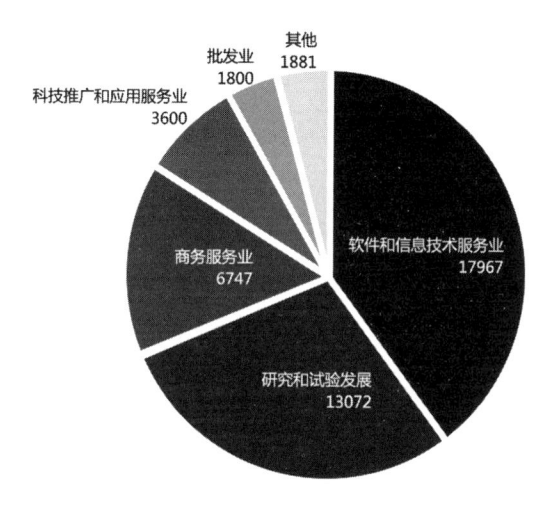

图10-5 区块链企业所属行业分布

(数据来源:区块链之家)

按照企业工商登记的细分范围,区块链企业所属范畴以软件和信息技术服务业、研究和试验发展以及商务服务业为主,分别占39.8%、29%和14.9%。其中,软件和信息技术服务业数量达到将近1.8万家,研究和试验发展企业数量达到1.3万余家,两者占到了总体数量的68.8%。

（五）中国区块链产业生态情况分析

按照国家互联网应急中心划分，产业划分为底层平台、基础设施、行业服务、解决方案、应用五大类。

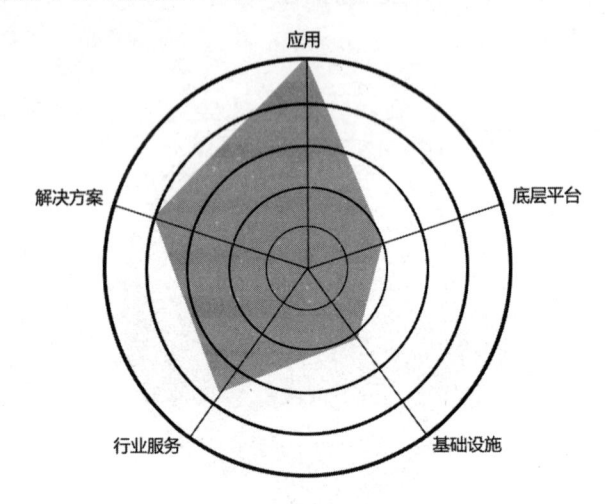

图10-6　区块链产业生态情况

（数据来源：区块链之家）

目前，我国的区块链应用以供应链金融、商品溯源、版权存证、司法存证等为主，主要发挥了区块链提供的可信数据存证基础功能，部分金融应用使用了价值传递功能。我国的区块链组织形式以联盟链和私有链为主，限制在一定的可控范围内使用，区块链网络的加入带有严格的权限控制，多数区块链网络由少数甚至单一主体控制和维护。因此区块链系统以B端用户参与和使用为主，C端用户对区块链应用的感知和参与感尚不明显。

（六）中国区块链企业的专利分析

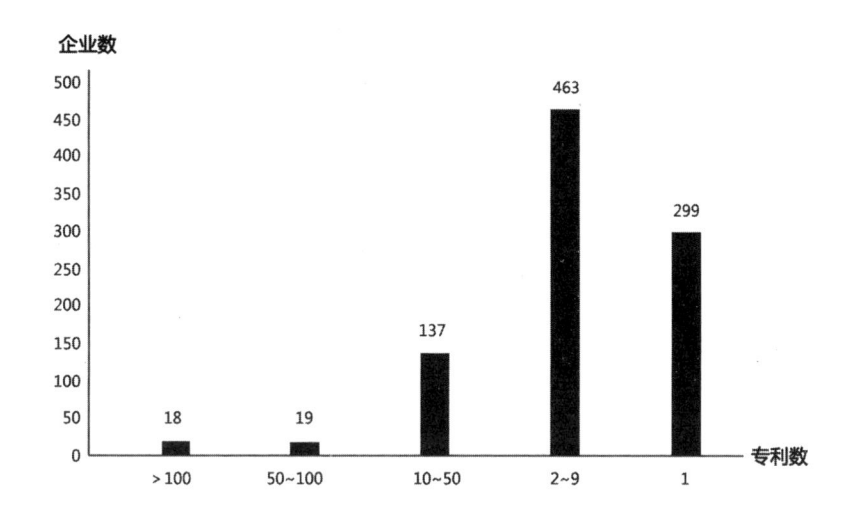

图10-7　区块链企业专利分布

（数据来源：区块链之家）

如图所示，目前部分企业在区块链技术应用上已经形成了一定的技术储备。监测数据显示，4万余家区块链企业中，有900余家企业在国内拥区块链相关专利（包括受理、公开、授权），一方面说明我国的区块链产业已经形成了一定的理论创新和技术积累，也从侧面说明我国区块链基础理论和技术创新需进一步加大投入。

五、DCEP和Libra

区块链在数字货币中的应用，得到了很多国家政府和机构的极大关注和认真研究，这一方面反映出数字货币有其创新和优点，毫无疑问将来会对数字经济，特别是对金融科技有极大的促进和创新作用。另一方面也反映出，所谓以去中心化方式推行的数字货币，可能在现实中存在很多的问题，比如合法性、监管、国家对货币的法权，所以有些国家央行才出手研究基于中心化系统的数字货币、加密货币，这其中的典型案例和代表是中国的DC/EP和美国Facebook的Libra项目。这两个典型案例分别代表了以国家法权和中心化方式推行的数字货币和去中心化、联盟的方式，结合各国家的法币来推行的数字货币的两个方向。

（一）中国央行数字货币

中国央行数字货币计划（DC/EP），中国人民银行支付结算司副司长穆长春在第三届中国金融四十人论坛上表示，央行数字货币即将推出。这一消息，立刻引起了国内外媒体和广大人民群众的关注和热议。大家关注的重点是这个数字货币体系是如何设计的，以及对现有以比特币为代表的民间数字货币有什么影响，央行数字货币对我国乃至国际金融体系有何影响。

央行数字货币有几个特点：

1. 采取双层运营体系，央行先把数字货币兑换给商业银行或者是其他运营机构，再由这些机构兑换给公众。

2. 注重M0（现金）的替代，保持了现钞的属性和主要特征，也满足了便携和匿名的需求。保证交易双方是匿名的，同时保证"三反"（反洗钱、反恐怖融资、反逃税）。

3. 为了保证央行数字货币不超发，商业机构向央行全额、100%缴纳准备金，央行的数字货币依然是中央银行负债，由中央银行信用担保，具有无限法偿性。

4. 坚持中心化管理模式。

这些特点，有几个重要特征，如双层运营、中心化、取代M0、保证金模式。我们从这些特点可以解读出，央行数字货币是用数字货币形式取代现钞的，并且采用传统M0发行模式来运行的数字货币而已，保证了货币的稳定性属性。国家法权的强信用背书，同时充分发挥了数字货币具有的便利性、交易的匿名性和隐私保护性，同时可以防止AML等犯罪行为。所以央行数字货币的设计是一个兼顾了传统现金系统的特点，并结合了数字货币的优点的一个折中方案，是一个利用金融科技提升生产效率和改进生产关系，同时保证金融系统稳定的稳妥方案。

央行即将推出的数字货币，将对现有的非官方数字货币和全球货币体系产生影响。首先，现有的数字货币都存在波动较大的问题，很难作为支付手段使用。因此，央行数字货币推出，会让民众更加了解和体验到数字货币的好处。

一方面普及了所谓的数字钱包、密钥、地址、手机支付等先进科技的使用方式，让民众加深对数字货币的认知，从而对现有的民间具有投资价值的数字货币有一个清醒的认识，并根据自己的风险承受能力和投资需要来选择性地投资数字资产。也就是说，对于现有的数字资产而言，可能会进一步扩大数字货币持有者的范围和提高数字货币使用的普及程度。甚至会促使那些完全不具备投资价值且没有任何技术和机制保障的数字货币随着市场的发展最终被淘汰出局。参与的人多了，意味着检验的人多了，那些"混进羊群的狼"自然也就无处躲藏，出局了。

另一方面，央行数字货币的推出，还会有利于促进数字资产的发展，数字资产是一个涵盖范围很广的概念，包括股票、债券、有价证券、积分、促销票券、加油票，包括所有尚未被数字化，但是有价值和可度量的有形、无形资产都有可能成为数字资产。比如IP版权，它可以定价，可以数字化，因此就可以作为数字商品进行流通。比如土地，可以把使用权进行定价和转让，做成数字资产，进行流通。央行数字货币的发行，让民众看到了国家对于促进数字经济发展的创新态度，货币已经数字化了，意味着以数字货币为载体的新金融体系支撑的数字经济必然会更加快速地发展起来，这是非常积极的一面。

许多发展中国家，还有一些发达国家，都已经把人民币作为本国流通和跨国贸易的结算货币。央行数字货币的推出，有可能进一步地促进这一步伐加快，因为数字货币有天然的流通性强、穿透性强等特点，以及其天然的数字特性，能够很好地和数字贸易、虚拟经济结合。事实上，不光是中国央行计划推出数字货币，其他国家也正在计划推出自己的国家数字货币。中央银行已经开展了一些CBDC相关项目。大约70%受访的中央银行目前或不久将会参与中央银行数字货币工作。这些项目通常会开展感念验证以评估区块链在银行业环境的使用情况，以解决可扩展性、弹性、隐私、证券结算和跨境交易问题。

表10-1　全球推行的数字货币项目

央行	项目
E-krona——瑞典中央银行（2019）	瑞典中央银行（Riksbank）正推动供应商开发面向非银行公众的数字货币（E-krona）。2018年早期的E-krona项目与该央行推动安全高效支付系统的任务兼容
Stella——日本央行、欧洲中央银行（2019）	Stella项目进入第三阶段证明使用分布式账本技术在安全性方面跨境支付可以得到改善
Jasper-Ubin项目——加拿大央行、新加坡金融局（2019）	该项目测试成功，表明分布式账本技术可以用于进行安全的跨境支付，通过不同的分布式账本平台间交易批发型CBDC
ECCB CBDC pilot——东加勒比央行（2019）	东加勒比央行(ECCB)开展了一个试点项目，引入了一个基于区块链的数字版的EC美元（DXCD），可用于支付的通用媒介减少50%的现金使用，推动更广泛的金融行业稳定，支持经济发展

续表

央行	项目
跨境银行间支付和结算——加拿大央行、新加坡金融局（2018）	该项目审视了跨境银行间支付问题的根源，确认了"未来的功能"。项目的最初结果表明区块链平台可以拓展可获得性和支付追踪，提供一种可能性，推动目前的代理银行模式转型
JasperⅢ——加拿大央行、Payment Canada、TMX（2018）	表明基于区块链的系统可以以央行货币进行不可撤回的证券结算，包括成功地在共享账本上开展货币流和证券流的货银对付。这种设计可以促成及时的最终结算，减少流动性需求
Project Aber——沙特金融管理局、阿联酋央行（2019）	该项目是沙特金融管理局和阿联酋央行之间统一的数字货币概念验证，用来开展跨境结算，有机会降低汇款成本
Khokha——南非储备银行（2018）	该概念验证目标是批发型结算，并确定区块链系统可以在不同的地方分布式结算中使用ISO 20022标准通信处理通常的南非支付系统的支付金额。南非储备银行能够看到所有的交易详细信息以确保监管合规
UbinⅡ——新加坡金融局和新加坡银行业协会（2017）	该项目表明区块链能够在金额、流动性节省机制和弹性方面满足RTGS的关键功能，并缓解失败的风险。该项目表明资金转账、派对优化和解决僵局能够以去中心化方式同时发生，并保护交易的隐私

各国试水央行数字货币传递出了几个重要信息。第一是各国都很重视本国货币的国际化，这本身有利于自己国家货币"走出去"，有利于推动国际化贸易发展，从政治角度也有利于促进本国在国际上的地位提升。第二是有利于增强金融互通、互联，促进国

与国之间的清算和结算，从而助力金融互联网的发展，促进数字经济全球化，令本国从中获得利益。第三是对有些国家而言，推行数字货币是国家在国际地位上的一种对等象征，比如中国、加拿大。

（二）美国Facebook的Libra项目

Facebook在2019年6月18日发布了其加密货币项目Libra的白皮书，标志着这家拥有20多亿用户的社交平台正式进入区块链行业，而Facebook的目标也从建立国际支付系统变成建立全新的普惠金融体系。Libra的白皮书开篇就是："Libra的使命是建立一个简单的全球货币和金融基础设施，为数十亿人提供支持。"

Libra币由三部分组成，它们将共同创造一个更具包容性的金融体系，这三部分是：建立在安全、可扩展且可靠的区块链之上；具有资产储备，旨在赋予其内在价值；由负责发展生态系统的独立Libra币协会管理。

第一个部分是Libra采用了区块链技术作为基础平台，在其白皮书和技术白皮书中进一步阐述了Libra采用区块链技术的一些细节，Libra使用Move语言、采用LibraBFT共识机制。Move语言是根据以往智能合约开发经验而创造的一种编程语言，注重安全性和可靠性，能从本质上令人更加轻松地编写符合作者意图的代码，从而降低了出现意外漏洞或安全危机的风险。

Libra区块链采用了基于LibraBFT共识协议的BFT机制，即拜占庭容错，即使某些验证者节点（最多三分之一的网络）被破坏或发生故障，BFT共识机制的设计也能够确保网络正常运行。与POW机制相比，BFT机制具有高交易处理量、低延迟和更高能效的优势，包括EOS、Hyperledger以及Stellar等项目都采用了BFT机制。

Libra起步采用联盟链，采取授权加入节点的模式，待成熟以后，开放节点加入，发展成人人可以参与和共享的金融基础设施。

从Libra的描述来看，Libra注重创新，而且是在借鉴了前面经验的基础之上的创新，比如采用Move语言，降低合约和系统漏洞。因为之前的数字货币，很多黑客都是利用代码漏洞攻入系统，盗取比特币、以太坊，导致极大损失。Libra也意识到了共识算法是一个区块链系统的核心，它决定了交易效率，决定了系统的可扩展性，也决定了系统的容错和一致性等分布式系统核心技术问题，因此Libra宣称采用LibraBFT共识机制。

Libra也从系统架构上考虑到当前和未来的关系，公有链对系统的要求很高，需要考虑大量分布式节点的数据一致性问题、交易安全性问题、共识机制问题，而且在Libra启动发展初期，是在有限的节点情况下运行的，所以采用了联盟链。从其最终目标角度来看，Libra是要建立一个人人共享的金融基础设施，因此系统要足够开放，所以应该在保障系统安全、资产安全、交易安全的前提下，容许各种类型的个人、公司、组织加入Libra公有链系统，成为服务节点、客户节点等。

Libra体系具有资产储备，旨在赋予其内在价值。Libra要发行稳定币，并且要和参与方的国家法币作为锚定货币，这一点类似于中国央行的DC/EP，是要和法币挂钩的，这个策略的目的是保证Libra币的稳定性，从而让Libra币成为一种流通的货币，至少是一种支付的手段。

Facebook在2019年10月表示，在打消监管机构的担忧后，Libra币计划于2020年正式推出。最初为Libra提供支持的一篮子货币可能包括美元、欧元、日元、英镑和新加坡元等，但是不包括人民币。从这一规划可以看出，Libra的储值资产包括了世界上的主流货币。这一表态很可能和中国央行推出DC/EP计划有关，也就是说中国抢先发布了国家数字货币计划，从而在全球的数字货币竞争格局中有了很大的话语权，毕竟Facebook有27亿的用户，而中国央行数字货币至少有14亿的用户，都是很大的人口体量，加起来占到全球人口的一半（截至2019年10月，全球人口总数大约是75亿）。所以，Libra和中国DC/EP应该是一个竞争的关系，至于哪个会更加成功，让我们拭目以待吧。

Libra由负责发展生态系统的独立Libra币协会管理，该管理实体是Libra Association，是一个独立的非营利性会员组织，总部设在瑞士日内瓦。瑞士拥有全球中立和对区块链技术开放的历史，该协会致力于成为一个中立的国际机构，因此选择在那里注册。该协会旨在促进Libra区块链的运作、协调其利益相关者（网络的验证者节点）之间的协议，以促进、发展和扩展网络，并管理储备金。该协会由Libra币协会理事会管理，理事会由每个验证者节点的一个代表组成。他们一起决定网络治理问题。最初，该小组由创始成员组成，企业、非营利组织和多边组织以及来自世界各地的学术机构。所有决定都提交给理事会决策，主要政策或技术决策需要得到三分之二及以上票数的同意，这是BFT共识协议所要求的绝大多数网络。截至2019年10月，Libra宣称有1000余家实体有意愿加入Libra联盟，这其中包括了Visa、MasterCard、PayPal，以及跨国集团Naspers、Uber、eBay等。不过，PayPal最近宣布退出联盟，但是保留一个观望的态度。从以上Libra推进的力度和效果来看，一方面是很正面的，吸引了大量的机构有意参与；另一方面也有持观望态度的。毕竟Libra现在还没有落地，没有显示出威力来。

从长远目标而言，央行数字货币和Libra币两个体系既有极大不同，也有相通之处。Libra是一个以非政府组织发行的稳定币，从前面对数字货币发展阶段分析来看，大体上Libra币属于STO模式，这一点在Libra的白皮书中也是非常明确的，既要满足各国政府的监管、合规要求，同时Libra币将和各国法币挂钩，作为储值资产，以保证Libra币的相对稳定。Libra网络是一个基于区块链的联盟链，长远发展是一个公有链，因此其采用的技术是分布式技术。

央行数字货币则完全是以国家名义、由政府发行的中心化数字货币，而且采用了传统银行金融模型，由二级银行和机构来负责运营，存储一定比例的储备金到央行，以此来保证流通数字货币不超发，币值稳定。目前，央行数字货币并没有采用区块链技术，因此央行数字货币本质上是一个中心化的数字货币体系，核心作用是取代流通中的现金M0。

从以上对这两个具有全球影响力的数字货币的分析来看，二者基于不同的目标，采用了不同的技术，服务于不同的人群。

六、中国区块链产业生态典型案例

区块链产业中，企业布局最多的领域是金融服务领域，占比为14.16%；同时，除了传统的司法存证和追溯外，其他类的占比正在迅速扩大，占比达37.17%。说明区块链在产业融合的广度和深度上有所提升，比如在供应链管理、安防、版权、智能航运、工业互联网等领域，有了更为具体的实践场景。

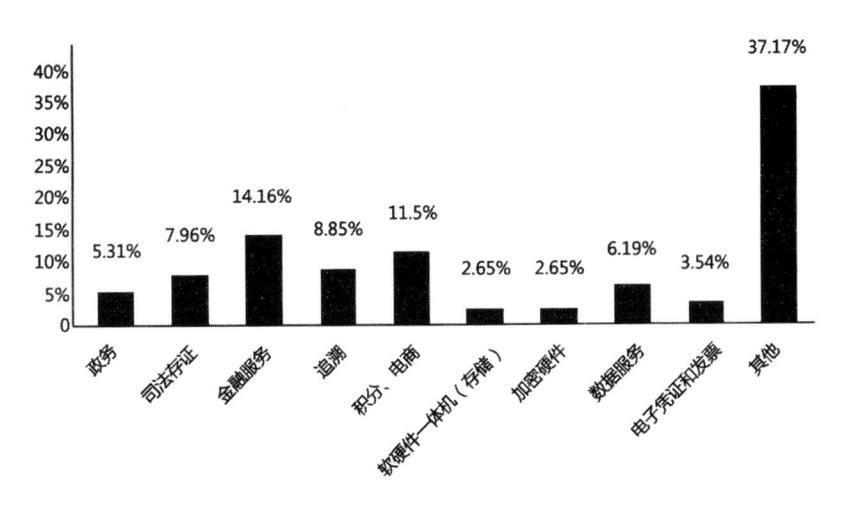

图10-8 区块链产业应用主要分布

（一）金融服务领域

金融服务，尤其是供应链金融，是区块链最早涉足的领域，发起方包括核心企业（大型央企平台）、金融机构、初创型区块链企业等，主要是对原有金融系统的改良和升级。目前其发展还面临若干问题，如在技术上主要存在跨链问题；在生态上存在对外开放度的问题；在普惠金融上，非核心的中小型企业面临话语权丧失的问题。

表10-2　金融服务典型案例汇总

企业名称	项目名称	项目简述
中企云链	产业互联网+供应链金融服务平台	整合企业资源、金融资源、供应商资源，打造"N+N+N"的供应链金融模式。在平台上可以实现营销端、金融服务、综合资源、研发技术、后台支持等全方位的共享互通
纸贵科技	京西信汇通	该项目围绕京西保理产业生态的创新型支付结算与供应链融资平台。该平台以核心企业的应付账款为依托，以产业链各方之间的真实贸易为背景，基于区块链网络技术，实现了1-N级供应商的应收账款的灵活拆分、跨级流转和便捷融资
度小满	教育消费贷	度小满创新地提出"区块链+安心计划"的场景贷模式，主要用在教育贷业务线
壹账通	eTradeConnect国际贸易融资网络	在eTradeConnect网络中，企业可将相关业务凭证，如订单、发票等信息加密后上传至网络，系统将来自不同参与方的采购订单及发票自动对账，不仅可降低人为出错的可能性，更可防范贸易欺诈风险

（二）政务领域

政务司法与社会治理相关，也是国家大力提倡的方向。目前主要由政府提供场景并提供资金扶持企业进行区块链实践，在服务民生方面起到了一定示范作用。但区块链在民生领域的进一步发展，还需要政府进一步开放数据、场景并持续加强支持。

表10-3　政务领域典型案例汇总

企业名称	项目名称	项目简述
趣链	政务服务单窗通办	通过区块链与北京市大数据中心相连，打通了市监局的"企业名称""统一社会信用代码""法人姓名"三项数据，最终实现民众只需填写"企业名称"与"统一社会信用代码"即可完成企业身份认证，减少了民众的办事负担。同时，认证通过的信息可以直接回传至政务局的办事系统，免去工作人员的手工填报，从而避免"二次录入"
井通科技	贵阳市社会和云公民积分互换平台	通过积分对社会动员、社区服务和网格化三个领域进行激励；积分激励管理系统会与各类电商和地区性商业企业的积分打通。通过区块链技术，不仅使积分兑换商品的流程更加简便，还可以通过数据上链的方式，使市民的社会贡献数据化，数据资产化，形成了一个人人参与、人人共享的生态环境
宇链科技	"出入通"区块链智慧防疫平台	"出入通"使用区块链技术来保证通行记录的准确性和可审计性。产品的主要使用场景为出入时的扫码登记行为，在扫码的过程中，管理者接收到了相关数据，并将其发送到区块链，通过智能合约核验，合约会校验其签名的有效性，如果有效则会将该核验行为记录在链

（三）司法存证领域

司法存证业务也是区块链探索最早的业务之一，成熟度较高，但新的生态尚未完全建立，企业普遍存在盈利难的问题。

表10-4 司法存证领域典型案例汇总

企业名称	项目名称	项目简述
信任度	北京互联网法院电子证据平台天平链	北京互联网法院技术支持单位之一，天平链形成了较为典型的区块链应用，也取得了较好的社会效益。天平链还构建了完整的证据规范体系，并通过与软件服务相结合，实现对数据源可信认证、系统接入技术安全、证据合规性审查、业务规则审查、系统管理规范等为一体的综合治理体系
数秦科技	杭州互联网公证处：知识产权综合服务平台	基于区块链技术，提供在线存证出证服务，能进一步促进司法流程的优化，在著作权保护、商标保护、专利保护等方面提供覆盖多种类型的知识产权保护方案
北京版权家	知识产权综合服务平台	该平台基于云计算、区块链、大数据和人工智能等技术，协同多方资源，构建了以版权服务平台为核心，集版权存证、侵权监测、司法取证、法律维权等多种服务为一体的知识产权综合服务体系，打造出了贯穿不同平台、覆盖内容全生命周期的互联网版权管理和运营机制

（四）追溯领域

区块链追溯也是较为成熟的应用之一，还要融合传统物联网和大数据等技术来解决源头真实性的问题。另外，追溯只是区块链应用的开端，仍旧需要探索和开拓出更多的应用空间和商业形态。

表10-5 追溯领域典型案例汇总

企业名称	项目名称	项目简述
京东	零售业区块链追溯平台	该平台可提供商品从原产地到消费者全生命周期每个环节的重要数据，通过物联网和区块链技术，建立科技互信机制，实现全流程追溯，为商品流通过程保驾护航。截至2020年6月，该平台已有超过13亿追溯数据落链，1000余家合作品牌商，9万多件入驻商品。目前，京东已全面开放防伪追溯能力
链节时代	基于区块链与物联网的数字化溯源、供应链治理与科技扶贫解决方案	该方案包括区块链智慧农业生产管理系统、链溯源管理系统、数字化金融服务平台和数字化营销平台，整合了与农产品生产相关的种植、生产加工、包装、物流、销售过程中的各类关键数据，且均存储于链节区块链平台。该系统为西安市周至县猕猴桃研究院提供技术支撑，提高了猕猴桃的销量
纸贵科技	义齿溯源平台	义齿溯源平台通过区块链技术将义齿产品的生产、加工、物流、经销等各个环节数据上链，保证义齿从原材料到生产成品再到最终用户的品质真实，旨在打造商品信誉，提升品牌价值，建立透明可追溯的义齿到达用户的流转通道

（五）软硬件一体机领域

包括区块链存储、算力在内的软硬件一体机正成为区块链产业发展的新趋势，区块链未来逐渐转型为服务平台和解决方案提供商。软硬件一体机能够帮助企业实现快速部署，降低部署成本，提高扩展性。

表10-6 软硬件一体机领域典型案例汇总

企业名称	项目名称	项目简述
众享比特	区块链超级工作站	该产品实现了物理主机+区块链网络+应用系统+运维监控全场景服务。具有开箱插电即用、一键启动、区块链系统自动部署、分布式文件系统自动搭建等功能
兆物信链	PKMT-软硬件一体国产安全可控区块链基础平台	MT是支持高性能共识算法、跨链通信和多链融合、高级图灵完备智能合约、支持国密算法在内的多种加密算法、匿名P2P通信网络、多种可定制机制设计、数据上链接口等功能的高性能区块链基础设施

（本章作者：国家计算机网络应急技术处理协调中心　王娟、史博轩）

第十一章

构建产业安全"共同体"

数字技术是实践万物互联的重大机遇,进一步加深了网络世界和物理世界的融合。与此同时,也促使安全这个概念被重新定义。

数字经济时代,网络安全需求贯穿在数字经济发展所倚赖的数据要素,以及保障数据流通的软硬件设施等产业全链条。5G提供无线宽带满足海量数据实时传输与分发,数据中心作为云计算的基座完成数据存储、计算与处理的功能,人工智能技术实现海量数据挖掘与分析决策,工业互联网推动数据完成全产业链的采集、应用与线上线下联动。这些数字技术共同完成数据链从采集到分析决策再到应用的全过程,从而发挥出数据作为生产要素的重要作用。

与此同时,网络安全能力将嵌入数据链的各个环节中,技术应用的泛在和融合意味着随时随地可能出现跨网跨界攻击。目前看来,数字经济时代将面临以下三个方面的安全挑战,即国家竞争安全挑战、技术创新安全挑战、产业安全挑战。

产业安全挑战

产业安全将对经济、社会带来更深远的影响

国家竞争安全挑战

中、美、韩、日、欧竞相发力新科技

技术创新安全挑战

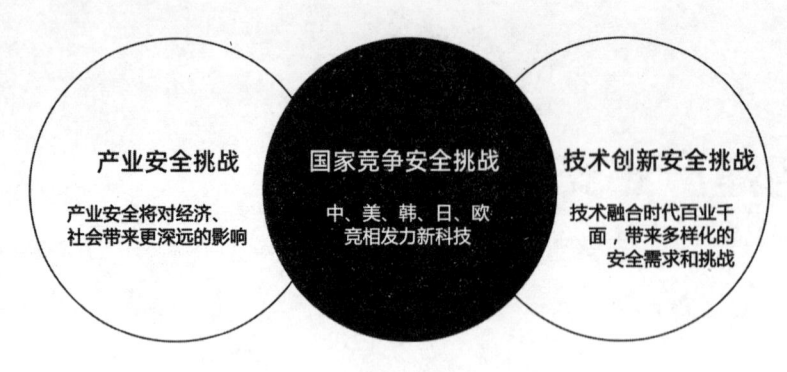

技术融合时代百业千面，带来多样化的安全需求和挑战

图11-1 安全挑战三大层次

一、国家竞争安全挑战

技术竞争已经不仅仅局限在研究领域。技术作为最重要的生产力来源，已成为国家间竞争必须争夺的关键领域。全球各国纷纷抢占新一轮技术创新的制高点，以求在未来全球权力版图中占据一席之地。

在数字经济和新技术方面，英国发布《未来科技贸易战略》，对自由贸易协定、数字贸易、技术投资等方面进行全面战略部署，旨在将英国打造成为全球科技强国。2020年上半年，美国联合澳大利亚、日本、印度、韩国等国成立"经济繁荣网络可信赖国家联盟"，聚焦数字经济、基础设施建设等关键环节重组全球供应链，并将中国排除在外，以图用同盟排他的方式，对其最大的意识形态对手施行技术威压，用技术手段曲线保障"国家安全"。

在5G方面，面对中国的强劲先发优势，美国、英国、日本、加拿大等国组建"D10民主竞争搭档俱乐部"，旨在减少在5G领域对中国设备商的依赖。美国以国家安全为由陆续发布了《美国5G安全战略》《第五代移动通信技术对国家安全的影响》《保障5G安全及其他法案》，通过出台法案和研究报告，进一步阐述了5G技术对国家安全的影响，提出制定保障5G基础设施安全的战略框架，明确与盟友联合开展5G研发、部署和管理的愿景，从而推动美国在下一代移动通信领域竞争中保持领先优势。

在量子计算方面，当前量子计算技术仍处于发展早期，中国的量子计算发展虽落后于美国等西方国家，但正处于全力追赶期。美国发布《量子网络战略愿景》，旨在完善量子互联网基础设施。美国白宫发布2021财年预算提案，拟向美国国家科学基金会划拨2.1亿美元，向能源部划拨2.37亿美元用于量子计算研究。美国能源部将在2020至2025年投入6.25亿美元成立数个量子信息科学研究中心[①]。

在人工智能方面，人工智能产业蓬勃发展，技术标准争端拉锯频频，成为科技强国的兵家必争之地。美国大幅增加人工智能研发预算，预计在2022年将人工智能研发预算提升至20亿美元。七国集团成立的"人工智能全球合作伙伴关系"组织，旨在共同鼓励志同道合的国家按照共同的价值观发展人工智能技术，以应对中国在面部识别、视频监控等人工智能领域的领先地位。此外，韩国也将投资超过9亿美元推动人工智能深度学习研究。

---

① 唐乾琛.2020年上半年世界前沿科技发展态势—信息篇.2020.10.3

在网络安全方面，疫情期间全球网络安全形势恶化，政府、企业和重点研究机构成为黑客攻击的重要目标。世界卫生组织等机构账号和密码遭到泄露。谷歌每日检测出超过1800万份与冠状病毒有关的恶意钓鱼邮件。印度、越南等国黑客组织对中国政府和医疗组织发起网络攻击。美国博通公司Wi-Fi芯片被暴存在漏洞，将影响全球超过10亿台联网设备安全。

总的来看，当前全球各国科技竞争更加激烈，人工智能、5G、量子计算等前沿技术竞争进入白热化阶段，技术发展的开放性和安全性受到严重挑战。

二、技术创新安全挑战

前沿科技在造福民众，提升经济社会效率方面发挥牵引作用，但另一方面新技术也是一把双刃剑，容易引发新的安全风险，给现有安全保障措施带来巨大挑战。

（一）5G面临的安全挑战

5G技术带来了前所未有的应用创新，也同样产生了新的安全思考，5G时代呼唤新的安全管理模式。

1. 虚拟化模糊物理边界

云网融合将在数字经济时代变得更加普遍，超高网络传输速率和高性能数据处理能力将得到进一步融合。但同时，5G网络和数据中心的虚拟化让网络物理边界更加模糊，此前几十年里存在于设备之间、部门之间、企业之间、行业之间、地域之间的物理界限消失，传统的依赖物理边界防护的安全机制将难以奏效，数据"跨界流转"的速度越来越快。软硬件分离将使上层控制系统的集中度进一步增强，使之更容易成为网络安全攻击对象。SDN、NFV、云计算和边缘计算等新技术和技术架构的应用带来了新的攻击面，支持云的IoT环境安全、开放的API接口安全，容易成为欺骗、窃听或者数据操作攻击的渠道。

具体来看，SDN技术将导致中心控制器成为首选的攻击目标，网络功能软件化将带来新的安全风险。NFV网络功能软件化、虚拟化，带来了侧信道攻击等威胁。边缘计算的应用可以在距离用户更近的地方提供数据处理能力，但同时也将导致窃听或者数据操作攻击的增多。另外，设施所使用的开源代码组件中存在安全设计缺陷和代码漏洞，将被利用和攻击。

2. 开放性网络易遭到攻击

5G采用基于服务的网络体系，开放业务生成和调用，数据中心和工业互联网都会面对大量有不同业务要求的租户，以网络切片的方式在共享资源上按需提供服务。与传统移动网络封闭的业务管理相比，恶意第三方更容易获得对网络的操控能力。在这种网络体系之下，切片间需要有效的安全隔离机制，以免某个低防护能力的网络切片受攻击后成为跳板而波及其他切片。此外，5G采用互联网协议代替传统移动网络专用协议，虽然大大扩展了业务能力，但面对错综复杂的互联网生态，也更容易受到外部攻击。

同时，在5G生态建设方面，5G、数据中心和工业互联网领域采用了大量开源软件，AI领域对第三方开源基础库过度依赖，加大了引入安全漏洞的风险，开源代码的组件中存在的安全设计缺陷和代码漏洞将被利用和攻击。边缘计算的应用可以在距离用户更近的地方提供数据处理能力，但同时也将导致窃听或者数据操作攻击的风险增加。

3. 海量数据连接带来安全风险

随着5G的应用创新发展，新技术时期的互联网势必将产生指数级的数据增长；5G时代的数据互联性和数据联通多样性大大增加，一些潜藏的安全隐患也随之浮出水面。新一代信息基础设施依赖大数据挖掘，但难以保证数据不被污染，如果以失真的数据来训练神经网络，会使决策错误。同时，由于AI的训练结果具有不可解释性而漏洞难以被发现。

通过将数据分别存储和加密，可以防备数据被盗窃或篡改，但对于以勒索为目的的外部攻击，会强行将数据再加密，使原有数据的拥有方也无法读取数据。工业互联网使用大量传感器和PLC，也因量大且永远在线而容易成为DDos攻击的跳板，而防入侵能力又受限于低功耗的轻量级安全算法，难以形成有效对抗。5G要支持每平方千米上百万个传感器联网，复杂的认证会引发信令风暴，还会影响时延性能。车联网要求支持点到多点的V2V快速认证，相关安全风险和可能造成的应用隐患不容小觑。

海量终端接入风险
智能终端设备接入规模、技术架构的异质化、关键性任务特性大大提升了安全管理难度和复杂度。5G时代面向物联网智能设备终端的攻击将成为上升趋势。

新型网络架构风险
软件定义网络（SDN）、网络功能虚拟化（NFV）、云端计算和边缘计算等新技术和技术架构的应用带来了新的攻击面。

垂直领域安全需求多元
基于网络切片端到端逻辑网络技术的垂直领域应用，在资源共享、跨域安全、身份认证和权限控制等方面出现新的安全风险。

图11-2 技术创新面临安全挑战

（二）人工智能应用场景带来安全挑战

1. 技术溢出带来风险更加普遍

人工智能作为一种通用型技术，存在异常庞大的生产生活应用需求，在交通、教育、金融、医疗等多个领域都有广泛的应用场景。人工智能有着较为明显的技术溢出效应，通过和5G、云计算、大数据、物联网等技术相结合，有望构建较强的技术集群。但与此同时，人工智能技术在大规模应用的副作用，就是在不同场景中发生问题的可能性持续增长。如果不及时处置和应对，这些问题将给经济社会生活带来巨大挑战，给民众人身和财产安全带来损害。例如，特斯拉自动驾驶汽车至今导致多起交通事故，甚至是致死事故。其自动驾驶系统的人工智能技术可能存在设计缺陷，仍有待技术层面的提高和融合层面的完善。

2. 算法难解释性、黑箱性愈加明显

算法是人工智能技术的核心之一，深度学习是目前人工智能普遍使用的算法模型，需要更少的数据预处理工作，训练过程更加端到端。而深度学习的算法结构中含有多个隐层，复杂度不断提升，导致输入的数据和输出的结果之间，关系难以解释清楚。

同时，人工智能算法模型具有自适应性、自学性等特点，便于操作者预设目标。因此，算法的难解释性导致人工智能技术形成"黑箱"。算法黑箱、算法偏见是人工智能技术普遍存在的问题，从而引发算法不公正的技术风险。

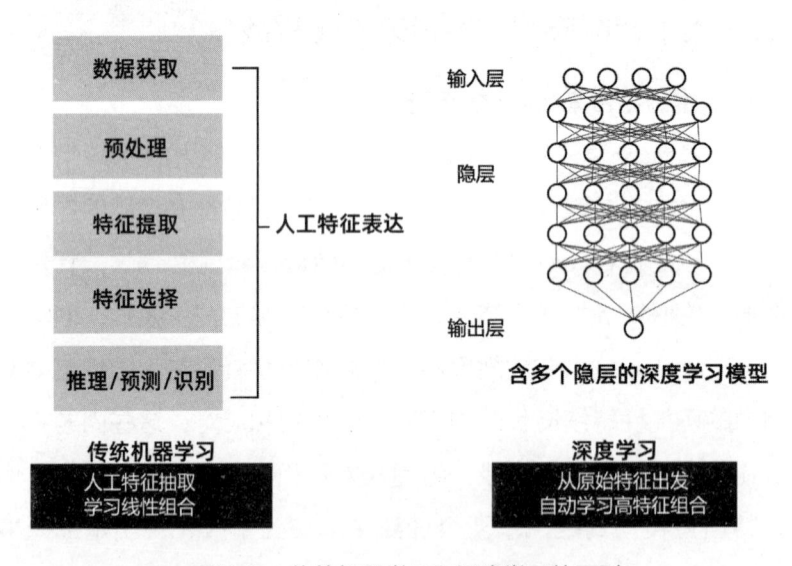

图11-3 传统机器学习和深度学习的区别

（数据来源：中国信息通信研究院）

3. 数据质量导致计算结果不可控

数据是人工智能发展的"燃料"。人工智能模型和算法优化都需要大量数据加持。输入数据的质量，包括规模、准确性、普适性等因素直接决定了人工智能算法模型的质量。但数据本身是经济社会价值观的缩影和映射，因此很难保证数据的完全客观公正，具有落后价值观甚至社会偏见的数据会影响数据的质量和使用。

因此，如果对数据质量没有进行严格检验和控制，将导致人工智能系统行为和结果变得不可控。例如，微软人工智能聊天机器人Tay被用户"教坏"，发布诽谤歧视性言论[①]。

4. 用户权益与隐私屡遭侵犯

随着人脸识别、虹膜识别等获取用户生物特征信息的应用不断普及，个人隐私信息收集的范围和频次不断增大，随之而来的隐私泄露风险增加。一些人工智能产品在用户毫不知情的情况下收集、存储、识别个人敏感信息，涉嫌侵犯公民个人隐私，违反我国网络安全、数据管理相关法律法规。

目前，互联网上活跃着一些黑色产业团伙，通过技术手段违规获取公民的个人身份信息，支撑其下游的违法犯罪行为。公民隐私信息泄露可能使民众被暴露在各种欺诈、敲诈、诈骗行为之下。此前，风靡一时的"ZAO"换脸App、"智慧课堂"等获取和识别学生行为、表情、情绪等人脸识别系统就被民众广泛质疑存在过度收集用户数据和用户隐私数据泄露问题。

---

① 人工智能治理白皮书.中国信息通信研究院.中国人工智产业发展联盟.2020.9

5. 新技术管理难度不断提升

人工智能在提升经济社会效率的同时，也引发了新的管理难题。人工智能技术的进一步发展和安全急需高度专业化管理能力，涉及数学、计算机等多个学科，在应用层面有覆盖社会伦理、技术理论、公共安全等多个领域知识和经验，需要高度专业化复合型团队为管理提供必要的知识储备和智力支持。此外，人工智能领域还存在针对深度学习模型本身的恶意对抗样本攻击，涉及企业知识产权的模型盗取等新领域下有别于传统安全的新型安全问题。

（三）物联网接入面临安全挑战

数字经济时代，智能终端设备接入规模、技术架构的异质化、关键性任务特性使安全管理难度和复杂度大大提升，面向IoT智能设备终端的攻击将呈现上升趋势。一方面，设备本身拥有更多的入口和控制方式，这为用户带来操作便利性的同时，也形成了更多攻击面。IoT设备的严重碎片化现象以及设计开发人员安全意识薄弱，都会导致出厂的固件中存在着各种各样的漏洞。另一方面，由于IoT本身使用的操作系统数量多，使用的架构不统一，固件格式更是因厂商而异，常见格式数以百计，同时还存在着许多厂商自行设定的特殊格式。多样性给IoT设备带来了定制化与差异化的便捷，同时也给安全自动化检测带来了挑战。

面向IoT智能设备终端的攻击将成为上升趋势。分层来看，不同级别的威胁主体会针对各行业目标采取各异的安全攻击手段。高级别威胁主体的参与比重更高，针对固件和硬件设备的攻击技术也呈现高增长趋势。例如，黑客会通过对物联网终端的硬件攻击以图获取经济利益，这将会导致监管部门或者大型企业相关信息成为受攻击的目标。对物理设备/设施以及供应链的攻击，将导致政府及敏感领域的涉密信息和系统成为受攻击对象，此类攻击将呈快速上升态势。

例如，2014年，西班牙智能电表被发现存在安全漏洞，黑客可以利用漏洞直接使用户无法用电，社会安全风险巨大。2016年，欧美发达国家大量物联网设备被恶意软件控制，其中有超过百万个摄像头等物联网设备发起DNS解析请求引发DDos攻击。这场因物联网设备产生的攻击估计已达到1.2T数据流量。2018年，我国药监局召回大量知名品牌医疗设备，主要原因在于这些设备的软件安全性不足，容易受到攻击。

（四）应用需求多样化安全挑战

数字技术的应用场景更加多元化，B端用户对所有环境信息有加密的需求，C端用户则重点关注关键信息的加密情况。进一步细分下去，不同用户的安全需求还将呈现差异化特征。因此相对应地，我们也需要加快安全多样化的布局。例如，自动驾驶、远程控制在通信中如果受到安全威胁，则可能会危及车上人员的生命安全。为避免发生车辆碰撞事故，需要研究制定出更高级别的安全措施，且不能额外增加通信时延。

物联网设备安全需求多样，需要降低物联网设备在认证和身份管理方面的成本，支持物联网终端低成本、高效海量部署。因此，相关业务需要轻量级的安全算法和高效简单的安全协议来保障应用安全。如果在这方面缺乏相关保障，会对企业或项目造成威胁。

比如，2018年，全球知名芯片制造厂商台积电12寸晶圆厂和营运总部网络遭病毒攻击，导致台积电在中国台湾地区的北、中、南三处重要生产基地同时因为病毒入侵而致使生产线停摆。2019年，乌克兰核电站出现的安全事故，就是由数名雇员将核电厂内部网络连接公共网络，以供其挖掘加密货币而引起的。

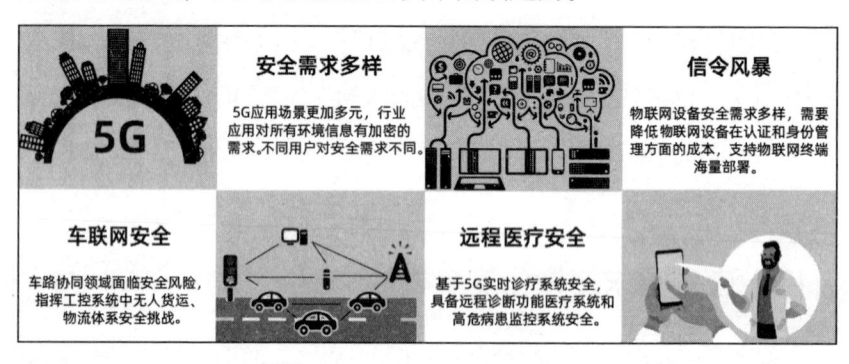

图11-4 安全需求多样化

三、产业互联网安全挑战

数字经济时代，安全的重要性更加突出。一切新技术、新应用、新场景都会面临与发展相对的新的安全挑战。安全对于经济社会发展屡屡展现出降本增效的价值，推动产业安全迈向新台阶，也将给技术发展带来正向反馈。

在安全加持之下的发展才会有更加旺盛的生命力，企业要在数字化时代深化发展，就必须秉持基本的安全意识，全方位升级安全能力。作为数字经济时代的重要特征，产业安全正在进入深刻的变革期和爆发期，需要产业各方共同构建实力过硬的人才梯队、研发自主可控的安全技术，建设协同联动的生态体系，聚合安全领域的力量共同面对挑战。

产业安全不仅是企业发展的生命线，也是制约企业发展的天花板。

一方面，当前企业必须把安全问题视为关乎企业发展"生死存亡"的问题看待，一旦企业在安全上失分，如用户数据丢失或者被窃取，不仅会对公司的利益产生不可估量的影响，也会引发用户信任危机等连锁反应，导致企业信用受到极大程度的伤害。

另一方面，产业安全也成为制约企业发展的天花板，当前企业均在生产、研发、销售、物流等环节进行不同程度的数字化升级，无不涉及安全需求。例如，前期由于安全问题没有妥善解决，部分互联网企业的网约车业务发展受阻，导致整个行业的垂直业务进入调整期。

当前，安全能力已经在一定程度上成为企业的核心竞争力。因此，在产业互联网时代，数字技术与业务运营的深度结合要有安全意识作为基础，这也要求企业必须进一步提升网络安全在管理上的战略地位。产业互联网由于在各行业中将连接大量设备、应用于不同场景，也使网络安全技术不断升级迭代成为必然。

四、产业安全四大内涵

经过20多年的快速发展，我国互联网已经从消费互联网向产业互联网快速转变。产业互联网时代的兴起也产生出不同于消费互联网时代的安全内涵，重塑整个安全体系也成为需要考虑的问题。

一是安全辐射范围。在互联网时代，用户对网络安全的认知和安全防范意识尚不强，网络安全的影响主要集中在对企业盈利方面的影响。随着数据量呈指数级增长，安全危机的爆发可能导致大量数据泄露，一旦出现安全风险，会对企业利润、声誉、用户信任甚至企业生存产生巨大影响。

二是安全策略。当前的网络环境不断复杂化，传统网络安全边界、通信等防护手段无法应对新的攻击手段，网络安全防护正在从局部防护到整体防护转变。大数据、人工智能等数字技术在防护工作中开始发挥重要作用。同时，防御工作也从被动向主动转变，从情报、攻防、规划、运营等方面主动加以应对。

三是安全能力。产业互联网让更多企业实现数字化和智能化，企业防护理念也发生较大变化。产业安全不再是"亡羊补牢"，而是需要在信息系统建设规划的初期同步设计和考虑。以合规为导向的外挂防护技术已经不再能满足复杂生态系统对安全的需求，而是需要在全部解决方案之中内生嵌入安全技术，实现安全风险的自检测、自预警、自修复[①]。

四是安全主体。当下，安全主体的变化显而易见。消费互联网时代针对个人和企业的网络攻击在产业互联网时代已经迅速转向对产业生态系统的攻击，任何一个价值链环节被攻破，都有可能导致攻击技术沿着价值链进行渗透，最终引发整个生态系统的连锁损失和崩溃。

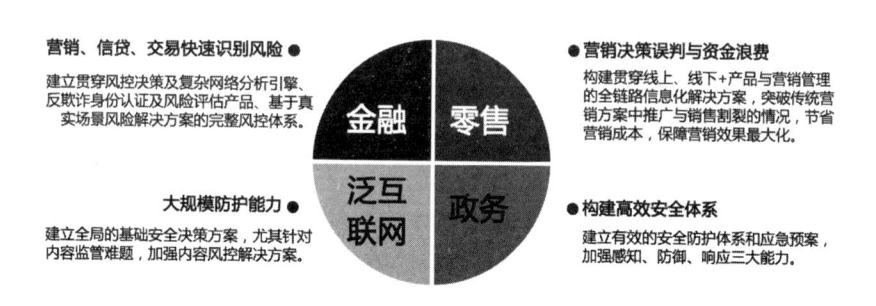

图11-5 典型行业安全风险与应对措施

五、构建产业安全前瞻模型

面对新的挑战，产业安全机制要为不同的业务场景提供差异化安全服务，能够适应多种网络接入方式及安全构架，注重用户隐私

---

① 2020产业安全报告.腾讯.2020.1

保护，支持提供开放的安全能力。为此，腾讯构建了产业安全能力建设前瞻模型DEPAZ。

前瞻模型包含5个部分。一是纵深防御，构建安全能力覆盖各层级的复杂IT设施。二是嵌入式，边缘计算、微系统、云、虚拟化等技术的普遍采用，对传统安全模式是巨大的挑战，嵌入式安全和自适应的架构将引领未来信息安全的转型。三是持续性，产业互联网时代要求产业安全机制从事件响应转向持续响应模式，建立持续的监控、响应，甚至是持续验证访问控制策略。四是自动化，产业互联网带来大量终端设备的数量增长，IT规模将异常庞大，自动化安全管理机制将需要从自动化排程、自动风险识别、自动防护策略调整等角度全面提升安全防护的智能化水平。五是零信任，产业互联网对于无边界安全防护是天然需求，零信任架构重点考虑安全策略引擎和策略执行，以及无边界准入和可信计算。

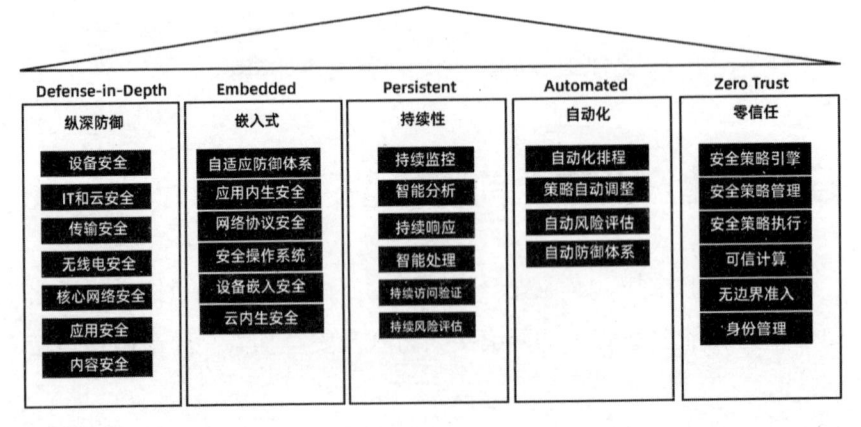

Defense-in-Depth 纵深防御	Embedded 嵌入式	Persistent 持续性	Automated 自动化	Zero Trust 零信任
设备安全	自适应防御体系	持续监控	自动化排程	安全策略引擎
IT和云安全	应用内生安全	智能分析	策略自动调整	安全策略管理
传输安全	网络协议安全	持续响应	自动风险评估	安全策略执行
无线电安全	安全操作系统	智能处理	自动防御体系	可信计算
核心网络安全	设备嵌入安全	持续访问验证		无边界准入
应用安全	云内生安全	持续风险评估		身份管理
内容安全				

图11-6 产业互联网安全能力建设模型

数字经济时代，数字资产已经成为企业的核心资产之一，安全威胁变得更加复杂，也更具威胁性与破坏性。面对产业安全挑战，需要从战略高度进行统筹布局，改变传统被动防御的安全思维，从情报感知、攻防对抗、战略规划、管理运营等四个方面构建全域安全共同体。

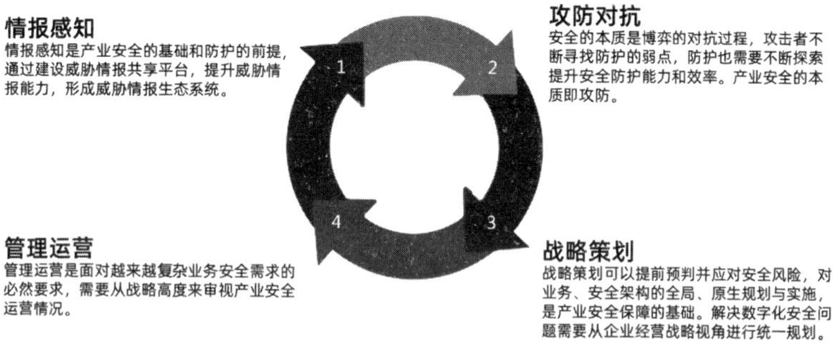

情报感知
情报感知是产业安全的基础和防护的前提，通过建设威胁情报共享平台，提升威胁情报能力，形成威胁情报生态系统。

攻防对抗
安全的本质是博弈的对抗过程，攻击者不断寻找防护的弱点，防护也需要不断探索提升安全防护能力和效率。产业安全的本质即攻防。

管理运营
管理运营是面对越来越复杂业务安全需求的必然要求，需要从战略高度来审视产业安全运营情况。

战略策划
战略策划可以提前预判并应对安全风险，对业务、安全架构的全局、原生规划与实施，是产业安全保障的基础。解决数字化安全问题需要从企业经营战略视角进行统一规划。

图11-7　构建全域产业安全共同体

情报感知是产业安全防护的基础。面对新型网络攻击，企业运营需要及时了解潜在威胁的情报，做好积极响应处置，构建较为完善的纵深防御体系，帮助企业在威胁预测、感知、响应上占领先机。

例如在电商零售领域，需要构建贯穿"线上、线下+产品与营销管理"全链路的信息化解决方案，加强安全能力的建设。突破传统营销方案中推广与营销割裂、难以识别用户与"羊毛党"等短板，节省营销成本，保障营销效果最大化。在饱受网络黑灰产困扰的零售电商领域，腾讯安全一年累计识别并阻断了13亿次营销黑产请求，为多家企业节省高达26亿元营销资金。

攻防对抗是安全的本质。攻击者通过各种数字技术和方法不断寻找用户和企业的防护弱点，防护方也需要不断探索应对黑客的安全防护能力和效率。在此过程中，大数据、云计算、人工智能等技术在安全产品和能力上不断地应用和精进。

以金融为例，腾讯建立了贯穿风控决策及复杂网络分析引擎、反欺诈身份认证及风险评估产品、基于真实场景风险解决方案的完整风控系统。

战略规划是产业安全的关键。战略规划可以提前预判并应对安全风险，对业务、安全架构的全局、原生规划与实施有重要意义，是产业安全保障的基础。解决数字化安全问题需要从企业经营战略视角进行统一规划。腾讯安全经过20多年的业务安全管理经验积累及技术储备，实现7×24小时的情报感知、攻击防御，并助力提升安全规划和管理效率。

安全运营是管理产业安全的重要抓手。管理运营是面对越来越复杂的业务安全需求的必然要求，需要从全局角度来审视产业安全运营情况。要解决数字化的安全问题，就需要企业从经营角度进行统一规划，建立系统的安全运营管理机制，将安全纳入企业实际运营工作中。腾讯安全整合行业最佳实践项目和业内知名专家的经验，推出了"安全专家服务"，能够帮助行业客户从企业经营的角度规划和实施全域安全布局和应用，护航企业咨询、开发、建设、运维的全生命周期安全。